VIDAS EN PAUSA

Relatos de un médico de prisión

Dr. Germán Vizcarra Costa

A mi Esposa Arú.

A mis hijas Rafaella y Catalina.

Gracias por su constante apoyo.

Índice

PRÓLOGO 11

INTRODUCCIÓN 14

1. CÓMO EMPEZÓ TODO 18

2. GANANCIA SECUNDARIA 21

3. LA GANANCIA SECUNDARIA QUE NO SE
INTERCAMBIA..25

4. LO MEJOR ES NO JUZGAR 27

5. ¿LO ESTAREMOS HACIENDO BIEN? 31

6. CON CARA DE NIÑO 34

7. EL SISTEMA NO ES PERFECTO.............................37

8. ¿DÓNDE ESTÁ MI PERRO? 43

9. DOS HERMANOS 46

10. ROMPIENDO UN PARADIGMA............................49

11. EFECTO PRIMAVERA 52

12. ¡BUENOS DÍAS ARTEIXO! 55

13. "NO HAY BUENOS ACÁ" 58

14. "TODAS LAS DEUDAS SE PAGAN" 60

15. RESPETO POR RESPETO 65

16. CHARLA EN LA TERRAZA: ¿POR QUÉ ESTÁN AQUÍ? ..69

17. LA SANGRE ME CALMA 72

18. LOS INTERNOS PILAS 75

19. LA MOCHILA LLENA 80

20. PURO PERÚ 84

21. EL SISTEMA CREÓ UNA YONQUI 87

22. MÁSCARAS QUE ENGAÑAN 92

23. CUALQUIER DÍA ES UN MAL DÍA PARA INGRESAR.....97

24. EN EL LUGAR EQUIVOCADO A LA HORA
EQUIVOCADA 101

25. ASALTANTE DE BANCOS..105

26. LA NOCHE DE LOS CHINADOS 108

27. CONOCÍ A "LUPO" 111

28. EL VALOR DE LAS COSAS 114

29. SE COSIÓ LA BOCA 116

30. EL USO INADECUADO DE UN MEDICAMENTO COBRA
OTRO SIGNIFICADO 119

31. AZUZANDO AL CAÍDO 123

32. CUMPLEAÑOS FELIZ 126

33. FRACTURA DE BOXEADOR 129

34. JUEVES, CALOR Y DEUDAS 132

35. PATRONA DE LOS RECLUSOS 135

36. REDUCCIÓN DE CABEZA 138

37. DE VISITA POR EL INVIERNO 141

38. VIDAS EN PAUSA 143

AGRADECIMIENTOS 146

PRÓLOGO

Estamos diseñados como seres Humanos e individuos, para traer un hermoso regalo al mundo, un regalo único que sólo esta alma encerrada en este cuerpo puede ofrecer y que toda la humanidad, especialmente aquellas personas que están cerca de nosotros, necesitan.

Nacemos en un entorno confuso y contradictorio lleno de luces y sombras, por ende, adquirimos esa misma naturaleza confusa. Nos cuesta lágrimas, sudor y sangre aprender atravéz de la experiencia, ese delicado borde en el que la luz termina y se convierte en sombra. A pesar de ello, muchas personas a nuestro alrededor, sobre todo nuestros seres queridos, aprenden con nosotros y de nosotros, de nuestra luz y de nuestra sombra, siempre y cuando podemos ser observados sin prejuicio.

"Vidas en Pausa"es un libro más allá del juicio. Es una agrupación de relatos mirados desde la lente del aprendiz, sobre cómo adquirir la maestría de la vida y de la propiamente, mediante el duro reflejo de la experiencia que encarnan estos seres humanos que tienen justamente eso: sus vidas en pausa.

La sombra es claramente un rebote de la luz y dentro de ese rebote que percibimos como eventos catastróficos, accidentes, defectos o malas decisiones, hay una inmensa cantidad de luz contenida a la que posteriormente llamaremos aprendizaje y que tan solo puede ser percibida mediante la pausa. A veces necesitamos apenas unos segundos, en otras ocasiones precisamos días o años. Pero con la pausa sabremos a qué velocidad íbamos y, además, sabremos a qué velocidad queremos ir. Con ella veremos los destellos de luz y los colores con los que pintamos nuestra vida y la de los demás. Al final la diferencia entre los colores es la frecuencia a la que viaja la onda de luz, o dicho en otras palabras, las pausas que hacemos para continuar de la mejor y la más elevada manera.

Es por esta razón que vale la pena tomarse esta pausa, este libro y estos relatos, para analizar con el corazón algunas vidas que, en la sala de espera, están concentrando lo mejor de sí mismas para proyectar ese destello de humanidad que todos tenemos y que, gracias a la sutil lente de Germán, podremos percibir con total claridad a lo largo de este libro, ya que no hay nadie mejor que un médico traumatólogo para reconstruir, desde pequeños signos, síntomas y dolencias, la magnitud de un golpe, un accidente o un trauma, físico, mental o emocional. Gracias a su experiencia, lograremos entender a qué velocidad viajan las almas que tienen hoy, sus vidas en pausa.

Mi sugerencia para este libro es que tomes cada caso, como por ejemplo el de Amanda, y que después de leerlo dediques el día a pensar sobre él, para que así puedas reflejarte y ver hasta donde los colores con los que hoy pintas tu vida, tienen paletas similares a las de Amanda, las de la enfermera o las de los demás, hasta donde veas en ellos su destello de humanidad sin prejuicio y hasta donde veas el tuyo propio, tal y como es, también.

Ammi Kr̥ṣtal

Introducción

"En todo ser humano hay potencial, en todo ser humano hay grandeza... no creo que ningún ser humano esté llamado a la mediocridad, todo ser humano está llamado a la grandeza."

Mario Alonso Puig

Inicio con esta cita de alguien a quien admiro mucho. No tengo el placer de conocerlo, pero siento que sí lo hago a través de su obra. Sus libros me inspiran y ese toque científico-lógico-espiritual me ha ayudado, como médico, a comprender mejor la naturaleza humana, algo que no se enseña en la facultad de medicina.

Mario Alonso Puig es un profundo creyente en la grandeza humana, algo que puede resultar muy evidente en las consultas diarias, en el desarrollo de la labor médica cotidiana, pero, ¿cómo encontrar grandeza en los internos de una prisión? si lo primero que viene a la mente al escuchar la palabra prisión es el repudio hacia los que se encuentran allí dentro.

Esta cuestión se hizo evidente cuando, un día, le comenté a un colega médico que allí dentro nos encontrábamos algo limitados con respecto a la medicación y los recursos con los que contábamos. Y, aunque a pesar de ello podíamos solucionar varias patologías, el comentario de este compañero resultó ser bastante ilustrativo al respecto cuando me dijo: *"no importaría mucho que se muriera alguno que otro aquí adentro"*.

Este comentario me sorprendió realmente, más viniendo de un profesional de la salud, e hizo saltar una alerta sobre un prejuicio que, en el fondo se trata únicamente del miedo que se tiene a terminar allí adentro y lo que significaba, para él, formar parte de ese mundo.

Esta aversión habitualmente se expresa mediante prejuicios, negándose a ver que se trata de personas con problemas muy distintos a los nuestros. ¡Y vaya si son diferentes! Aunque no pierden su naturaleza fundamental de ser humanos, no es fácil escribir estas líneas sin posicionarse: o estás del lado de los internos o estás del lado del sistema, diferencia que podrán observar en algunas ocasiones a lo largo de estas páginas.

Mi intención no es criticar al sistema penitenciario ni mucho menos victimizar a los internos que forman parte de estas historias. Tan sólo muestro una serie de anécdotas que, en cierto modo, me han ayudado a ver de una manera diferente esta realidad dentro de un penal y a observar, con una mirada diferente, mi experiencia como médico. La experiencia de atender a los internos de un penal me ha ayudado a desempeñar mejor mi labor profesional y también a convertirme en una persona mejor. Sólo espero haber ayudado también, con mi trabajo, a los que estuvieron allí dentro durante mi paso por ese centro penitenciario.

Este libro más que una narración es un anecdotario de eventos que sucedieron durante mis guardias, de las cuales pude sacar alguna reflexión o simplemente una anécdota divertida. Te invito a reflexionar con ellas y, si te llevas algo positivo y lo aplicas en tu vida, la misión de este libro estará cumplida.

(Los nombres reales de los protagonistas han sido modificados para proteger la identidad de los mencionados).

1
CÓMO EMPEZÓ TODO

"La vida es un viaje no un destino."

Aerosmith –Amazing

Como toda esta historia tiene un principio, ésta comienza conmigo, recién llegado a una ciudad del norte de España desde Perú, siendo yo médico especialista en Ortopedia y Traumatología, un título que solo servía en mi país pues en España únicamente podía ejercer como médico general. De aquí podría salir otra historia sobre cómo un médico extranjero se abre paso en España, pero eso lo dejaré para otro libro.

Fui contratado para ejercer como médico general en una clínica local. Como actividad extraordinaria, esta institución ofrecía cubrir turnos en un centro penitenciario cercano y decidí aceptar esos turnos, inicialmente a modo de prueba, sin saber realmente en dónde me estaba entrando. Tras haber realizado fuertes cambios en mi vida personal y en la de mi familia, este resultaba ser uno de los más "curiosos" en el apartado profesional. Si ya volver a ejercer como médico general, tras haber ejercido como traumatólogo era un gran cambio, ahora se sumaba el hecho de ejercer como médico general en un centro penitenciario, un entorno donde es necesario aplicar conocimientos no solo de medicina general sino también de psiquiatría, manejo de adicciones y psicoterapia.

¡Madre mía, qué locura!, pensé para mis adentros. Sin embargo, el desafío me dio ánimos para seguir adelante con estos turnos y así comencé a descubrir que no todo era como lo pintaban y que tan solo los que están allí dentro, internos, funcionarios y personal sanitario, conocen la realidad.

El trabajo consistía en atender consultas en el centro médico y lo primero que me vino a la mente fue que iba a tratarse de algo sencillo pues, ¿cuántos internos se podían enfermar al mismo tiempo? Para darme ánimos y tener confianza me dije a mi mismo: *"esto va a ser muy tranquilo"*.

Nunca había estado en un centro penitenciario, razón por la cual llegaba con todos esos prejuicios instaurados por Hollywood y sus películas ambientadas en prisiones, donde hay varias pandillas, el penal está gobernado prácticamente por los internos y todo es un caos.

Cuando ingrese lo primero que me impresionó fue la seguridad que había para entrar, una reja tras otra, y con controles visuales hasta el módulo de enfermería, donde desarrollaría mis actividades.

2

GANANCIA SECUNDARIA

"Cuando no sabemos satisfacer nuestras necesidades legítimas, a menudo recurrimos a estrategias disfuncionales, que en el corto plazo pueden dar resultado, pero que en el largo plazo nos llevan a más frustración y sufrimiento."

Mario Alonso Puig

Me encontré con que el gobierno del penal no estaba en manos de los internos, sino que, por el contrario, estos estaban distribuidos en módulos según su graduación de primero, segundo o tercer grado, siendo estos últimos los más tranquilos, y se encontraban regentados por estrictas normas de convivencia, si bien me consta que no todos los centros son así, y menos en países emergentes, donde las condiciones penitenciarias son muy diferentes.

En la primera tanda de consultas me di cuenta de que cualquier problema de dolor (real o fingido), bien fuese de muelas, de barriga o muscular, tenía una clara finalidad que era recibir medicamentos analgésicos. Según referencias de internos antiguos y con buen comportamiento, que realizaban labores dentro del módulo, estos analgésicos después podían ser intercambiados por otras mercancías dentro del penal, como cigarrillos, café, prendas de vestir o incluso favores.

Muchos de los reclusos están en el penal por problemas de adicción a todo tipo de drogas. Alrededor del 95 % de las consultas (un cálculo aproximado ya que no hay estudios estadísticos) terminaban con un *"estoy ansioso"* o *"no duermo bien"*, buscando un cambio en la medicación psiquiátrica inicial. En pocas palabras, buscaban, con la consulta médica, obtener una ganancia secundaria: más drogas recetadas o un aumento de la dosis que tenían.

En este contexto, tenía que prestar verdadera atención para darme cuenta de cuándo un recluso buscaba una ganancia secundaria y cuándo necesitaba realmente un cambio de medicación. Aprender a discernir esto es algo que se va aprendiendo con el tiempo, leyendo el lenguaje corporal, preguntando a los funcionarios que tratan a los internos más de cerca e incluso consultando a otros internos.

En el contexto de la atención médica en prisión, es realmente importante no solo conocer las condiciones y las necesidades de los internos sino también aplicar ese conocimiento de manera efectiva para así proporcionar una atención médica adecuada, además de mantenerse siempre para poder detectar esas ganancias secundarias que eran pan nuestro de cada día.

Así era como los reclusos intentaban satisfacer necesidades legítimas de una manera disfuncional. A pesar de que puede existir un beneficio inmediato al obtener analgésicos o medicamentos psiquiátricos adicionales, a largo plazo estas estrategias pueden generar una mayor frustración y sufrimiento en lugar

de abordar el problema subyacente de manera
efectiva.

3

LA GANANCIA SECUNDARIA QUE NO SE INTERCAMBIA

"Empatía: entender el sentir de la otra persona, no como concepto, sino como experiencia afectiva."

Mario Alonso Puig

En mis siguientes visitas fui empatizando con la realidad que se vive dentro del penal, lo que significaba estar ahí, con menos resistencia y menos a la defensiva.

Conocí a un abuelo de ochenta y cinco años que, vete a saber por qué estaría allí (yo evito siempre preguntar salvo sea relevante para la evaluación médica). Llevaba casi veinte años en prisión, sin poder ver a sus familiares más cercanos, sin ver crecer a sus nietos, prácticamente abandonado. Ingresó por urgencias a causa de un dolor abdominal crónico, estreñimiento y vómitos. Lo ayudamos con su malestar, del cual salió bien parado, pues se trataba de un hombre que sólo quería sanar. Quería, además, que alguien pudiera escucharlo porque, a pesar de estar recluido con otros internos, la sensación de soledad es insostenible.

Muchas veces la ganancia secundaria es únicamente ser escuchados, conversar con alguien o tan solo salir a pasear un rato hasta el consultorio, lo cual refuerza la idea de que además de prestar atención a los medicamentos, también se puede ayudar mucho escuchando o conversando. Y escuchar implica no sólo oír las palabras de la otra persona, sino prestar atención a su lenguaje no verbal, a sus emociones y a sus necesidades subyacentes. Al hacerlo, se puede crear un espacio de confianza y seguridad en el que la persona se sienta comprendida y valorada, lo que puede ser fundamental para su proceso de sanación.

4

LO MEJOR ES NO JUZGAR

"Juzgar a los demás puede ser una forma de proyectar en ellos nuestras propias inseguridades, miedos y prejuicios, y puede impedirnos conectar con ellos de manera auténtica y empática."

Viktor Frankl

Parte de mis labores consistían en evaluar internos que acababan de ingresar. Amanda era una mujer de cuarenta y pocos años que regresaba al penal después de haber recibido el veredicto de su juicio. Se trataba de un caso de esos de los que no te quieres enterar sobre qué fue lo que sucedió pero que terminas descubriéndolo a través de la prensa, la radio y la televisión. Yo me enteré porque la enfermera que me acompañaba en la evaluación se acercó y me susurró al oído: *"es una asesina, está aquí por qué mató a su hijo"*.

Aquella enfermera había emitido su juicio sobre Amanda y su repudio era evidente. La había condenado. Probablemente había dejado salir su instinto protector de madre así que le resultó sencillo emitir un veredicto. No vio más allá. Sólo vio lo que sus emociones le permitían ver.

El hecho de emitir un juicio prematuro nubla la realidad y surge de un condicionamiento previo que, en este caso, bloqueó la compasión y la empatía. Esto sólo se logra prestando atención y cambiando el juicio por la observación, pero su juicio, prematuro, no la dejo entender por todo el sufrimiento que estaba pasando Amanda ni tampoco comprender qué fue lo que sucedió para que Amanda hiciera lo que hizo.

El simple hecho de "no observar", no le permitió ver a la mujer que no tenía expresión en su rostro, que hablaba muy poco y sin ganas y que miraba fijamente al suelo, un comportamiento debido en parte al efecto de los medicamentos y en parte a la lucha con sus demonios internos que, seguramente, ya la atormentaban más que suficiente. Su juicio prematuro la cegó por completo.

El sencillo acto de observar y aprender a controlar las emociones para así evitar emitir un juicio, le hubiesen permitido orientar su servicio y enfocar su labor a mejorar el estado anímico de Amanda, ayudándola en todo el proceso que se tenía encima: el dolor, la culpa, la depresión, el odio a sí misma y el resto de las consecuencias emocionales, físicas y mentales asociadas a esta situación.

Para nada justifico las acciones que Amanda cometió pues de eso ya se encarga el sistema judicial y de seguro pagará su condena como corresponde, sin olvidar el hecho de que, para los creyentes, existe también el juicio divino, ese por el cual se obtiene lo que se da. Por lo tanto, no correspondía emitir un juicio pues lo que Amanda estaba pasando ya implicaba bastante sufrimiento.

El hecho de emitir un juicio previo sobre cualquier persona (un pre juicio), ponemos una venda en los ojos que nubla nuestra forma de actuar, anulando la compasión y la empatía.

Tus actos obrarán en función de lo que tú te permites ver.

5

¿LO ESTAREMOS HACIENDO BIEN?

"Detrás de un comportamiento que nos molesta hay una demanda, hay una necesidad no cubierta."

Angels García - La adolescencia llega a la familia

Pedro, un joven de veintiséis años, llegó a donde yo trabajaba tras varios ingresos y salidas por diversos penales. Al entrevistarlo me impresionó el modo en el que había entrado y salido de las drogas (si es que realmente había salido). Me contó además cómo se había iniciado en el mundo de la cocaína y heroína a los trece años de edad. ¡Era sólo un niño!

Lo primero que pensé fue que esa era la misma edad que tenía mi hija en ese preciso momento. ¿Cómo alguien tan joven podía caer en las drogas? Muchas veces se entra en este mundo porque se carece de oportunidades, otras veces se debe a la falta de amor y otras a la ausencia de modelos positivos.

Así pues,preguntas como ¿qué estamos haciendo por nuestros jóvenes?, ¿lo estamos haciendo bien?, ¿a qué los estamos exponiendo? son algunas de las cuestiones que debemos plantearnos que debemos hacernos, pues el mundo de las drogas no es exclusivo de los marginados. La drogadicción se da en todos los niveles socioeconómicos.

Lo que hacemos por nuestros jóvenes y el ejemplo que les damos resulta fundamental para crear en ellos una conciencia sólida que les permita decir ¡no!

En la adolescencia se produce una búsqueda de la identidad que puede llevar a los jóvenes a adoptar conductas arriesgadas o buscar pertenencia en grupos que no necesariamente resultan positivos para su desarrollo personal. Por este motivo es sumamente importante que los jóvenes cuenten con modelos positivos en su entorno tales como padres, educadores, mentores, amigos y otros referentes, que les ayuden a desarrollar una identidad saludable y a aceptar su diversidad. Y también es importante que se fomente la educación en valores, la autoestima y el desarrollo de habilidades sociales y emocionales para que los jóvenes puedan afrontar de manera positiva los desafíos propios de la adolescencia y construir una vida saludable y plena, una existencia más sólida que no los encamine a buscar formas de escape en las drogas.

Y tú, ¿lo estás haciendo bien por casa?

6

CON CARA DE NIÑO

"Compasión: Tú sientes el sentir de la otra persona y de manera natural salen las ganas de ayudarle, no es lástima, es querer ayudar."

Mario Alosno Puig

Conocí también a Abel, un muchacho de veintidós años, robusto, que hablaba como un niño. Estaba internado en el módulo de enfermería por intento de suicidio. Bajó a la consulta a pedirme que le recetara algo para no sentirse ansioso y con ganas de hacerse daño. Pensé para mis adentros *"otro más que viene a por medicación extra y a por su ganancia secundaria"*. Fue entonces cuando vi sus ojos y realmente entendí que esté muchacho necesitaba ayuda. En su mirada había tristeza, miedo y angustia. Me pedía, con su voz de niño, que lo ayudara. Tenía mucho miedo y solo podía pensar en cortarse los brazos y el cuello. Sólo podía ayudarle dándole más mediación para dormir y algún que otro extra por si despertaba agitado o nervioso.

Sentí que darle más medicación no era suficiente, tenía que haber algo más se pudiera hacer, pero yo no contaba con más herramientas para ello así que se me ocurrió decirle que antes de tomar la medicación se sentara en su cama, respirara varias veces profundamente y tratara de no escuchar a su mente, que únicamente escuchara a su respiración y diera las gracias por lo que le hubiera sucedido ese día. Era una especie de clase de mindfulness improvisada. Yo sabía que, si lograba hacer que él sintiera cosas reales como su respiración, la narrativa interna que él rumiaba a modo de "agitación y nerviosismo" desaparecería.

Abel sonrío y me dijo que nunca antes le habían prestado atención y que tan solo le daban medicinas. Se fue reconfortado y aparentemente pasó bien la noche. No tuve oportunidad de comprobar si habría hecho lo que yo le dije, pero lo que si se es que al darle ese consejo extra Abel se sintió valorado en su condición de ser humano.

Cuando escuchamos y realmente prestamos atención al ser humano y no al asesino, ladrón o sea cual fuere la razón por la cual alguien está en prisión, es cuando se consigue empatizar y generar confianza para impartir un tratamiento y que este sea aceptado de la mejor manera posible.

Abel no regresó a por más medicación, solo quería que le escucharan.

7

EL SISTEMA NO ES PERFECTO

"El hombre no es libre de no ser responsable. Es libre de ser responsable, de ahí su dignidad."

Viktor Frankl

Estaba claro que el sistema no funcionaba del todo: médicos generales prescribiendo, de la mejor manera posible, medicamentos psiquiátricos e internos psiquiátricos que requerían estar más en un hospital o en un centro especializado que en un penal. Esto, unido al hecho de que algunos guardias, enfermeros o personal, que se encuentran al límite del colapso por motivos estrés, que se creen que su cargo los hace"ser superiores" o que sienten que están por encima de los demás, genera situaciones con castigos que van desde la indiferencia hasta tener que pasar una temporada en aislamiento, en muchos casos justificada por la conducta propia del interno.

Así pues, teniendo por un lado a estos trabajadores, y por el otro a internos que presentan alteraciones psiquiátricas, adicciones, frustraciones, soledad, dolor, incomprensión y demás problemas, el resultado, inevitable, de juntar estos dos elementos es el mismo que el de querer apagar fuego con gasolina: realmente explosivo.

Morales era un interno que saltaba de prisión en prisión y que nadie quería por tratarse de un hombre problemático, fanfarrón, explosivo y rebelde. Había regresado al penal para un juicio que tenía pendiente y, mientras rellenaba su historia de ingreso, lo noté irritado. Según él esto se debía a dos razones: la primera era que quería un televisor durante la cuarentena sanitaria que debía pasar, algo que le había negado, y la segunda era que uno de los guardias lo estaba "hostigando verbalmente", según sus propias palabras. Lo que sucedió posteriormente fue tan sólo la consecuencia de la reacción. Se juntaron la gasolina y el fuego y, como para toda acción existe siempre una reacción, este caso no fue la excepción.

Sucedió que el guardia, visiblemente estresado, irritó a Morales y él respondió golpeándose la cabeza contra la pared de la celda, en repetidas ocasiones, hasta conseguir dañarse. Su compañero de celda estaba más que asustado pidiendo ayuda mientras que los guardias se limitaban a observar y a estar a la expectativa mientras esperaban para emprender alguna acción. Yo desconocía si este modo de actuar formaba parte del protocolo o si sólo se trataba de algo habitual en Morales, viejo conocido y sin importancia. En un momento dado el guardia, estresado, empezó a vociferar que "esos eran golpes de maricón" echando así más leña al fuego. Los golpes contra la pared se hicieron más fuertes y seguidos haciendo retumbar todo el lugar como si se tratase de la campana de una iglesia.

Se decidió que, como Morales estaba muy irritado, era mejor aplicarle una sedación tópica en la enfermería. El recluso tenía 7 guardias encima intentando sujetarle, con esposas, y, en esa posición se le colocaron sedantes directos a la nalga para poder calmarlo, pero Morales era fuerte como un toro. O quizás fuese que su rabia no le permitía fijar límites a su fuerza, razón por la cual seguía dando pelea.

Mientras lo colocaban en la cama de sujeción corrían insultos de ida y vuelta con el guardia estresado, el cual respondía golpeándole en los genitales para intentar (según su propia creencia) calmarlo, sin darse cuenta de que esto enfurecía todavía más a Morales.

¿Qué sentido tenía entrar en el mismo nivel de irritación y agresividad? Este hombre, Morales, por más que sea lo que haya hecho para estar en prisión, no tiene porqué perder su dignidad humana. Y esto es algo que parecen olvidar los guardias pues, cuando lo ven (todos ellos) ya han dictaminado un juicio previo y sólo buscan someterlo. No sé si llegarán a comprender que es una persona enferma y es más que seguro que no cuentan con las herramientas adecuadas para aproximarse a él.

En mi humilde opinión, aquella agresión no debió suceder. Desde la verbal, que fue la que prendió el fuego, hasta la física, que fue la que terminó por incendiarlo todo de ambos lados. La diferencia radica en que los guardias debían mantener el control cognitivo. Morales no.

No se puede responder al fuego con más fuego si lo que quieres es apagar un incendio.

Cada uno tiene el poder de decidir cómo reacciona ante los demás. Si aparece un Morales en tu vida que insulta y está irritado y a leguas notas que tiene una discapacidad mental, no puedes reaccionar de la misma forma que él. Tú eres el que tiene la capacidad de control. Tú tienes la capacidad de hacer que los insultos no te afecten. Tú tienes lucidez para ver más allá de los insultos y agresiones y para generar una respuesta más adecuada.

Cada uno tiene sus procesos y cargas personales. Con esto no quiero justificar a Morales ni a los guardias, porque al final Morales quedó con una herida en la frente y en aislamiento durante un tiempo, y el guardia fue suspendido de sus labores por una temporada.

Si tú respondes con la misma frecuencia vibratoria del otro, obtendrás lo mismo, como dice mi esposa Arú. El hombre siempre tiene la capacidad de elegir su respuesta ante una situación, aunque esté en prisión o tenga problemas distintos. Incluso en circunstancias difíciles, el hombre conserva su dignidad y su capacidad de ser responsable de sus acciones.

8

¿DÓNDE ESTÁ MI PERRO?

"El hombre es capaz de cambiar su vida siempre y cuando esté dispuesto a asumir la responsabilidad de sus acciones."

Viktor Frankl

José Eduardo ingresó al penal directamente de la calle. Era un nuevo interno y esta era la primera vez que entraba en un penal. El abuso de benzodiacepinas hizo que cometiera una serie de errores que lo llevaron hasta allí.

Se trataba de un suicida potencial, razón por la cual se le aplicó el protocolo de prevención de suicidios, pues ya había intentado suicidarse durante su estancia en una cárcel provisional, antes de su ingreso. Llamaba verdaderamente la atención el estado depresivo en el que se encontraba.

El día posterior a su ingreso fue llevado a consulta por haber presentado vómitos durante toda la mañana. Al entrevistarlo me comentó que se encontraba preocupado y ansioso porque desde que lo habían detenido no había podido ver a su perro. No tenía quien lo alimentara ni quien lo sacara de la habitación que tenía alquilada.

José Eduardo estaba preocupado por el bienestar de su perro a pesar de encontrarse él en una situación mucho peor. Parecía que el animal fuese su único nexo con el exterior, ya que no tenía familiares directos, tan solo un padre que no le hablaba y una amiga con la cual no había podido contactar.

Me ofrecí a ayudarlo y tomé nota de los números de teléfono para llamar, aunque uno de los guardias se percató y me sugirió que no lo hiciera pues la asistenta social era quien se encargaba de estos asuntos. Me di cuenta de que estaba rompiendo un protocolo de seguridad y de que, además, debían existir ciertos límites.

No le quedaba otra que asumir su responsabilidad. Debía esperar a que la asistente social se hiciera cargo y, con mucho dolor, aprender que todos nuestros actos tienen consecuencias, más aún para los más cercanos a nosotros. Si no hubiese cometido el asalto su perro estaría bien.

Nuestras acciones tienen una gran influencia en nuestro entorno, razón por la cual es importante que seamos conscientes de las decisiones que tomamos y de cómo éstas pueden afectar a las personas y al mundo que nos rodea.

9

DOS HERMANOS

"La verdadera riqueza no es el dinero, sino la integridad y la honestidad."

Robin Sharma

En otra ocasión evalué dos ingresos al penal transferidos de otro penal, donde estaban cumpliendo condena por fraudes fiscales millonarios. Ambos, hermanos de sangre, con el mismo padre y la misma madre.

¿Quién llevó a quién a delinquir? Eso jamás lo supe. Sólo sé que aparentaban ser empresarios de éxito en caída libre. Desviaron su camino, priorizando el dinero sobre los valores y el respeto por la familia y allí estaban los dos, con unos cuantos años más por delante a la sombra.

El hecho de cometer delitos, ¿es algo que va en los genes? No. No tiene nada que ver con la genética. Aunque algunos estudios sugieren que puede haber factores genéticos que influyen en ciertos comportamientos, como la impulsividad o la agresividad, la mayoría de los expertos están de acuerdo en que el comportamiento criminal es el resultado de una compleja interacción entre factores biológicos, psicológicos y ambientales. Los factores biológicos incluyen, por ejemplo, lesiones cerebrales, desequilibrios hormonales y ciertas condiciones médicas que pueden afectar el comportamiento. Los factores psicológicos incluyen, por ejemplo, el trauma emocional, los trastornos mentales y los patrones de pensamiento negativos. Los factores ambientales incluyen, por ejemplo, la exposición a la violencia, la pobreza, la falta de oportunidades y la influencia de amigos o familiares que cometen delitos.

En mi opinión, la falta de valores es una consecuencia de un entorno familiar empobrecido, y con esto no me refiero al dinero, sino a un entorno donde hubo poco o nada de amor y donde no existieron lazos de respeto.

Si el hecho de delinquir estuviese influenciado únicamente por los genes, los penales estarían llenos de familias enteras. Y no es así.

10

ROMPIENDO UN PARADIGMA

"Paradigma es el conjunto de creencias, valores, percepciones y supuestos que compartimos y que influyen en nuestra forma de entender y actuar en el mundo."

Stephen Covey

Cuando un interno acude a consulta, en la mayoría de ocasiones está buscando obtener una ganancia secundaria. Si no son más medicamentos, son bajas o descansos, y hasta piden ayuda para trámites administrativos. Todo esto y mucho más en una sola consulta por dolor de muelas. Llegan por un motivo y, antes de salir, recuerdan una cosa más, luego otra y otra...

Esta búsqueda de una ganancia secundaria se traduce muchas veces en algo tan sencillo como *"préstame un poco de atención"*. Muchos internos sólo quieren conversar o que los escuchen porque, a pesar de ser más de mil internos en el centro, se sienten solos. Esta situación hace que sea necesario que prestemos más atención a esa ganancia secundaria y menos al dolor o molestia por la cual vienen.

Un interno mayor, de alrededor de sesenta años, encargado de las reparaciones y mantenimiento de muebles en distintos pabellones, llegó un día por un dolor en la zona lumbar y glútea. Después de examinarlo me di cuenta de que se trataba de una distensión muscular (el síndrome del piramidal), algo que se alivia muchas veces con unos sencillos ejercicios de estiramiento. Le mostré los ejercicios para que los repitiera en su celda y le prescribí algunos medicamentos al mismo tiempo que, para mis adentros, me preguntaba cuál sería su ganancia secundaria.

Al final se fue sin mostrármela, pero tres días más tarde me crucé con él. Estaba haciendo unos arreglos en el pabellón de enfermería y cuando me vio me dijo: *"gracias doctor, si no fuera por usted no podría ni agacharme, ya no tengo ningún dolor"*.

Me impresionaron sus palabras. Después de todo la ganancia secundaria sólo estaba en mi juicio. No todos los reclusos mienten.

11
EFECTO PRIMAVERA

"La primavera es la manera de la naturaleza de decir, ¡vamos de fiesta!"

Robin Williams

Es bien sabido por todos que los cambios de estación afectan a los estados de ánimo. Así, en primavera, con días de más presencia solar, después de un invierno oscuro,sucede en los internos algo que coloquialmente en el penal llaman, *"el efecto primavera"*, un efecto totalmente contrario a lo esperado fisiológicamente hablando.

El incremento de luz solar ayuda a regular el ritmo circadiano, mejorando el sueño y reduciendo el estrés, y tiene también un efecto positivo en la producción de serotonina, un neurotransmisor que influye en el estado de ánimo reduciendo los estados de depresión y ansiedad. Con todo esto cabría esperar una disminución de las situaciones violentas y agresividad en el penal, pero no era así.

"El efecto primavera" genera un aumento de la incidencia de internos que se autolesionan (la mayoría con cortes en el brazo) y aumenta la frecuencia de peleas entre internos. No es que la luz solar los vuelva más violentos, es como si toda esa energía que nos da la luz del sol recargara sus baterías internas y, cómo no hay una posible vía para desfogarse, desborda con agresividad.

Esto es tan solo especulación por mi parte, ya que lo único que avala esta teoría es que se produce un aumento de vitamina D y, por ende, un leve aumento de testosterona, algo que no es significativo para justificar estos brotes de agresividad. En condiciones normales, esta exposición a días más soleados debería regular el estado de ánimo, sin embargo, en los internos que conocí, este se desborda llegando a consulta golpeados y cortados. Esto sucede si tomamos únicamente a la luz solar como factor de agresividad, cuando en realidad es algo multifactorial, ya que el estrés, la ansiedad, la ira reprimida y las experiencias traumáticas pueden influir en el comportamiento agresivo. Y esto último abunda en ese entorno.

12

¡Buenos días Arteixo!

"La vida no se vuelve insoportable por las circunstancias sino por la falta de significado y propósito."

Viktor Frankl

En situaciones difíciles o de estrés, cómo es estar internado en un penal, el estado de ánimo anda por los suelos. Por este motivo es muy frecuente la dependencia a fármacos, como un modo de olvidar temporalmente la situación en la que se encuentran. El optimismo no es algo que abunde entre los internos, aunque había un interno en el penal que nos lo recordaba cada día.

Las guardias en el pabellón de enfermería son de veinticuatro horas, por lo que yo tenía asignada una habitación en la planta baja para descansar por las noches. Esta se encontraba justo debajo de las celdas de los internos con enfermedades crónicas que requieren atención o vigilancia cercana.

Había un interno en particular (que jamás llegué a saber quién era) que todas las mañanas alrededor de las 8am (hora del conteo de internos y de entrega de guardia) gritaba a viva voz *"¡Buenos días Arteixo*!"* (*nombre del penal ficticio, cambiado para mantener la privacidad) a modo de recordatorio, para todos aquellos que llegáramos a oírlo, de que comienza un nuevo día, con una nueva oportunidad de ver la vida diferente, con un pequeño pero válido impulso para sobreponerse a ese encierro inevitable, una perla para levantar el estado de ánimo con un deseo positivo para el día. Tan solo ese saludo por la mañana significaba que cada día nos brinda una nueva oportunidad para estar mejor. Ese simple *"¡Buenos días Arteixo!"* era la pastilla de la mañana para darle significado y propósito al día a pesar de las circunstancias.

Hubo un día en el que ya no se escuchó más. Se trataba de un interno con enfermedades crónicas y falleció a causa de su salud resquebrajada, pero estoy seguro que pesar de haber fallecido allí dentro, se fue bien, dejando saldadas sus deudas terrenales. Con su saludo matutino dejó una chispa de esperanza en el corazón de aquellos que lo escuchamos.

13

"No hay buenos acá"

"A veces sentimos que lo que hacemos es solo una gota en el mar, pero el mar sería menos si le faltara una gota"

Madre Teresa de Calcuta

Muchas veces sucede que nuestro juicio antecede a la razón y no nos deja ver la verdadera esencia de las personas.

En una ocasión, mientras almorzaba con el personal del pabellón de enfermería, comentaban casos y sucesos anecdóticos con internos del penal cuando, de repente, uno de ellos dijo *"es que no hay buenos acá"*. Yo creo que no podemos poner etiquetas a la gente ya que, como humanos, nos comportamos según la situación en la que nos encontremos. Si calificamos a todos como *"no buenos"* lo que hacemos es poner una cortina en los ojos que no nos permite ver la bondad en los demás.

Si bien es cierto que muchos de los que están internos llegan con problemas emocionales, mentales e incluso físicos, lo único que hacen es desarrollar sus propios medios para defenderse o enmascarar ese sufrimiento interno que están atravesando.

Aquí la palabra clave es compasión, ya que cualquier acto que dignifique a la persona puede mejorar su estado actual. Por esa razón es mejor no "calificar" a la hora de servir.

14

"TODAS LAS DEUDAS SE PAGAN"

"La vida es un río siempre cambiante, y debemos estar dispuestos a navegar sus aguas y aprender de sus lecciones."

Buddha

Llevaba una temporada pasando unas guardias muy tranquilas. Era una cuestión de tiempo que sucediera algo realmente grave, una verdadera urgencia.

Una noche, aparentemente tranquila, pensé para mis adentros *"una más"*, cuando de pronto interrumpieron mi cena para avisarme de que estaba entrando por urgencias un interno acuchillado. En ese momento pasaron muchas cosas por mi cabeza, sobre si se trataría de pequeños cortes, superficiales, o por el contrario profundos, grave. Todo esto es algo que no sabes hasta que tienes contacto directo con el paciente. En ese momento sientes como empieza a correr la adrenalina por todo tu cuerpo y la mente comienza a recordar todo lo aprendido sobre cómo actuar ante un paciente con lesiones por arma blanca, acuchillado.

Se trataba de Clemente, un hombre de casi sesenta y cinco años de edad. En las cicatrices de sus brazos y del tórax se evidenciaba su vasto recorrido: múltiples entradas y salidas de otros penales. Al examinarlo pude ver múltiples cortes en el rostro y dos pequeñas incisiones en el tórax. A estas precisamente es a las que hay que tener mayor respeto pues, al ser pequeñas casi no sangran y aparentan ser inofensivas, pero esas heridas pequeñas pueden resultar ser todo lo contrario, ya que no se sabe qué profundidad tienen y pueden llegar a ser muy dañinas, más aún si están en zonas donde hay órganos vitales. Una de las dos heridas resultó ser superficial. La otra, situada muy cerca del corazón, tenía forma de "bolsillo" y resultaba algo profunda a la palpación.

Clemente estaba despierto y lúcido, narrando lo que le había sucedido, cuando, de repente, sus constantes vitales empezaron a descender. Presentaba dificultad para respirar, la saturación de oxígeno había bajado y la presión arterial también descendía, de ahí la sospecha de que no se trataba de una simple herida. Gracias a una radiografía pudimos ver que había un derrame pleural y que el corazón tenía forma de "botella", lo que significaba que presentaba también un derrame pericárdico. La segunda herida había sido de todo menos inofensiva.

La respuesta de la ambulancia fue rápida y Clemente fue trasladado al hospital más cercano. Tras pasar unos días ingresado y ser atendido por este episodio y también por sus otras dolencias (no estaba muy sano y tenía asma y alguna que otra secuela respiratoria causada por la inhalación de drogas), regreso debilitado. Cuando lo volví a ver me agradeció la atención y me dijo: *todas las deudas se pagan, de un modo o de otro, pero se pagan"*. En ese momento no lo entendí, pero luego los funcionarios me explicaron que lo habían atacado porque no había pagado algunas deudas que tenía pendientes (por café, tabaco, favores y hasta sustancias ilícitas). Se habían encargado de cobrárselas.

Cuando la vida nos quiere enseñar una lección, primero nos pone una pequeña piedra en el camino. Si pasamos de largo nos pone una roca más grande. Si aun así no aprendemos nos pone un muro de piedras hasta que nos estrellamos con él y por fin podemos darnos cuenta de lo que nos toca aprender de esa experiencia.

Por lo tanto, ante una adversidad siempre debemos pensar *"¿para qué me sucedió esto o aquello?"* en vez de lamentarnos preguntándonos *"¿por qué me pasó?"*. Si hacemos esto obtendremos mejores respuestas para afrontar la situación.

Tengo pacientes que se fracturan algún hueso y me preguntan *"¿por qué me pasa esto a mí?"*, con una actitud de víctima o lamento. Cuando indago un poquito más resulta que tienen una vida muy estresada, horarios ocupados, poco tiempo para ellos o para la familia. Cuando los invito a que, en vez de eso, se pregunten *"¿para qué se fracturaron esto o lo otro?"* la respuesta más común que obtengo es que lo hicieron para descansar y tomarse la vida con más calma o para disfrutar de más tiempo con la familia. Al plantear la pregunta de este modo, la actitud hacia lo sucedido también cambia.

Es mejor hacer una pausa de vez en cuando antes de que la vida te obligue a parar con una fractura o alguna que otra lesión, por poner un ejemplo.

En esta historia a Clemente le tocó aprender a costa de su salud. Espero que, esta vez, sí aprendiera la lección.

15

RESPETO POR RESPETO

"La gente olvidará lo que dijiste, la gente olvidará lo que hiciste, pero la gente nunca olvidará cómo la hiciste sentir."

Maya Angelou

Cuando toca ver a uno de esos internos "especiales", bien sea por su forma de ser, por las enfermedades que tienen, por las secuelas del abuso de sustancias o un largo etcétera, suelen ser los más demandantes. Muchos colegas los tratan con desdén y no les hacen demasiado caso. Yo empecé haciendo lo mismo, pero me di cuenta de que, si los escuchas y aprendes a negociar sus demandas, tratándolos como un igual, sin aires de superioridad, se obtienen resultados positivos.

Esto sucedió con un interno que pedía poder tomarse las pastillas él mismo y dejar de acudir al módulo de enfermería para que se las metieran, literalmente, en la boca, algo que se había ganado por andar jugando y negociando con la medicación indicada, es decir, por trapichear. A causa de esta actitud entró en el programa de vigilancia y ya había ido a consulta, en repetidas ocasiones, para exigir que lo sacaran del programa de vigilancia y volver a tomar la medicación por sí mismo.

Se trataba de un hombre difícil de tratar, por las constantes demandas y el mal humor que presentaba, a lo que había que añadir las constantes quejas del personal de enfermería a la hora de darle los medicamentos.

Conseguí negociar con él que, si en quince días no recibía ningún informe suyo sobre problemas con el uso de medicación, ni quejas del personal por su comportamiento, le concedería salir del programa de vigilancia. Hablándole de tú a tú, de forma directa y con un tono paternal (pues era varios años menor que yo), logré que entendiera y aceptara el trato y, al salir de la consulta, me dijo *"usted es el único que me ha tratado con respeto"*.

Me llamó mucho la atención el hecho de que su demanda era tan solo ser escuchado y ser tratado con respeto en un entorno donde ya de por sí los internos tienen un estigma a cerca de quienes son y una pobre autovaloración. El simple acto de recolocarlo en un lugar diferente al que estaba acostumbrado le dio un valor agregado que supo utilizar de la mejor manera pues, en el seguimiento posterior, cumplió el trato, sus maneras cambiaron y hasta donde yo supe no volvió a trapichear con su medicación.

El simple hecho de escucharle hizo que este interno se sintiera revalorado. Sintió que no era lo que se decía de él y pudo entender que podía ser un poco mejor. Eso no justifica lo que haya hecho para estar en prisión, pero sí lo hizo sentirse un poco mejor persona, y, al sentirse así un interno puede ser capaz de tomar mejores decisiones en el futuro.

Es importante recordar que cada persona merece ser tratada con respeto y dignidad, independientemente de su pasado o de sus circunstancias actuales. Al hacerlo podemos ayudar a fomentar un ambiente de confianza y colaboración, lo que a su vez puede llevar a una mejoría en el comportamiento y actitudes de las personas que están bajo nuestra responsabilidad.

Este asunto del respeto salvó a una doctora de ser maltratada o violada cuando hubo un motín en el penal muchos años antes que yo ingresara. Según me contaron, la doctora fue protegida y puesta a salvo por varios internos, lo cual habla muy bien de ella. Estoy seguro de que, si ella no hubiese realizado un buen trabajo, la historia habría sido muy diferente para esta doctora.

16

Charla en la terraza: ¿por qué están aquí?

"La integridad es hacer lo que se tiene que hacer, cuando se tiene que hacer, como se tiene que hacer, sin importar la consecuencia."

Andrés Panasiuk

En el penal hay unos cuantos internos que tienen el puesto de ordenanza ¿Y qué es un Ordenanza? te preguntarás. Pues se trata de un interno con buen comportamiento que presta servicios de asistencia en los distintos módulos. Por ejemplo, en enfermería, apoyan con el orden de los pacientes a la hora de consulta y a repartir medicación, colaboran con el orden y la limpieza del espacio, etc. Son una especie de nexo de unión entre los funcionarios y los demás internos. Todos los que yo conocí tenían una buena actitud, eran amables, serviciales, conocían el teje maneje del penal y respetaban siempre su lugar como internos, es decir no sobrepasan las funciones de nadie. En general se podía decir que se trataba de buenas personas y de ahí surgía la gran pregunta, ¿por qué estaban presos entonces?

Una tarde de trabajo tranquila, mientras hacía tiempo para empezar las consultas de la tarde, me senté en una especie de terraza donde había una mesa realmente preciosa. Era de madera, de estilo rústico, con sus respectivos bancos a juego y había sido realizada por un interno en el taller de carpintería.

Aquella tarde se sentaron conmigo dos ordenanzas, uno mayor que el otro, y cada uno me contó un poco del trabajo que tenían, de sus familias, aparentemente bien consolidadas y armoniosas. Si dejamos de lado el entorno carcelario, con barrotes en las ventanas, muros gigantes y puertas eléctricas, bien podría tratarse de una de esas charlas en el café de la plaza del pueblo, con los amigos de toda la vida. Y, en mi interior, una pregunta me asaltaba de forma constante: *¿por qué estaban presos si tenían todo eso?*

Y no, nunca les pregunté. Prefiero no enterarme pues así evito hacerme un juicio previo y solo formo el concepto al conocerlos. Tampoco es de mi incumbencia enterarme de eso, ya que, como médico me interesa la persona en sí y no los actos o errores que lo hayan llevado a estar allí dentro.

Para contestar de algún modo la pregunta, según mi modo de ver, hay buenas personas ahí adentro, buenas personas que, al ser humanos, cometen errores, que caen en la tentación de obtener algún recurso por el camino fácil o que son devorados por sus propios demonios no controlados.

Creo que siempre tenemos la capacidad de decidir y ahí es donde radica al integridad de la persona, tal y como dice la cita del inicio de Andrés Panasiuk.

Y esto es lo que marca la diferencia entre la cárcel y la libertad.

17

LA SANGRE ME CALMA

"La depresión es un mensaje que viene del alma que nos dice que estamos en el camino equivocado y necesitamos cambiar nuestra vida."

Bert Hellinger

En el penal abundan los problemas emocionales. Bien se trate de adicciones o cualquier otro trastorno con el que ingresan, los internos los describen como *"algo que tienen dentro y no pueden sacar"*. Esta presión interna que sienten proviene de la falta de manejo de emociones, lo que hace que una simple molestia pueda convertirse en ira o una decepción pueda transformarse en depresión. La salud mental está alterada y resulta muy vulnerable en un centro penitenciario.

Este desborde de emociones muchas veces se traslada a lo físico y a urgencias llegan muchos internos que se autolesionan, infringiéndose cortes en los brazos, en el abdomen o en el tórax. La mayoría de estas situaciones están provocadas por ese desborde emocional, que lo único que buscan es llamar la atención.

Sin embargo, un interno que me hizo ver las cosas desde otra dimensión, la del motivo por el cual hacen esto.

Llegó a urgencias con un solo corte, suficientemente profundo como para requerir sutura. Su estado de ánimo era triste y hablaba de forma pausada. ¿Qué había sucedido? Muy sencillo: el interno había recibido noticias desfavorables sobre la salud de su padre y le entró la angustia ante la imposibilidad de poder ayudarlo. Ante esa situación no vio un modo mejor de soltar toda esa angustia e impotencia que haciéndose un corte en el antebrazo, aduciendo que el hecho de ver brotar la sangre le calmaba. Tras suturar la herida su única preocupación era que aquel acto no afectara a su expediente o conllevara a una sanción, pues le tocaba salir de permiso para ver a su padre.

Afortunadamente para él este tipo de situaciones no les afectan así que pudo salir a verlo el siguiente fin de semana.

Este episodio refuerza lo que escribí unas líneas más arriba: el hecho de que buscan la manera de desfogar esas emociones no canalizadas. Algo tan simple como ver la herida, la sangre, les proporciona un modo de drenar esa emoción.

Parafraseando a Adam Tusco en su libro: "Cómo dejar de pensar demasiado", cuando se produce un cuadro de depresión se vive con una especie de "visión de túnel" donde no hay salida, en completo sufrimiento y total desesperación.

En una situación como esta, el instinto natural de escapar del dolor salta con algo tan sencillo como haciéndose cortes en los brazos, desviando este dolor físico la atención de la mente del padecimiento interno.

18

LOS INTERNOS PILAS

"Ceder al miedo al caos es ceder a la anarquía."

Mahatma Gandhi

Hay internos que están un poco más afectados que otros, en aislamiento o super medicados. Estos en particular, presentan una alta demanda de más medicación, una medicación que no necesitan pero que tomaron alguna vez. Se inventan dolores aquí y allá para justificar esa medicación y al ser los más afectados, psiquiátricamente hablando, son capaces de llevar sus demandas a otro nivel si no se les hace caso, con huelgas de hambre, autolesiones, peleas y demás actos para llamar la atención y hacer valer su demanda.

En una de las guardias, uno de estos internos especiales fue llevado a urgencias por haber ingerido dos pilas AA. Exigía más medicación psicotrópica. Para mí resultó ser algo totalmente diferente que, para ser sincero, no había visto jamás hasta entonces. Sí había visto niños que por accidente se habían tragado monedas, arandelas o alguna pieza metálica que seguía su camino de forma regular y terminaba por ser expulsado de forma natural. Pero esto no lo había visto nunca.

Le sacamos una radiografía y allí estaban las dos pilas, alojadas en el estómago. Con las pilas yo no estaba muy seguro de que siguieran su camino de forma regular ya que son grandes e incluso podían llegar a resultar tóxicas, pero por lo menos ya estaban en estómago; no se habían quedado atrapadas entre el esófago y estómago, lo cual resultaba un alivio.

El recluso fue enviado al hospital para una evaluación y, en caso de ser necesario, para que le retiraran las pilas con un endoscopio. Horas después regresó del hospital con una gran sonrisa de victoria: ¡lo había conseguido! El hospital remitió un informe donde hacía constar que las pilas seguirían su camino y que el interno no requería más que observación y un control de radiografía en cuarenta y ocho horas para verificar que efectivamente iban camino de la salida. Entonces, ¿a qué se debía esa sonrisa de victoria?

Porque tras ser atendido en el hospital, armó un escándalo tremendo para que le viera un psiquiatra. No paró hasta que consiguió que lo vieran y le aumentaran la medicación, eso que él tanto quería. Ante situaciones como estas, la psiquiatra que lo atendió me comentó que es mejor ceder con algún medicamento que no le vaya a causar ningún daño antes que esperar que se produzcan de nuevo situaciones similares.

No había terminado de hablar con ella cuando de repente me llaman para evaluar a otro interno que se acababa de tragar cinco pilas (tres AA y dos AAA) pidiendo que le prescribieran un inhalador que, por supuesto, necesitaba, pero que según las evaluaciones médicas que constaban en su expediente, no precisaba.

Con la experiencia anterior tan fresca, constatamos la presencia de cinco pilas en la cavidad gástrica y, además, evidenciamos la presencia de objetos metálicos (tales como alambres) en el abdomen. Un par de radiografías nos ayudaron a determinar que los alambres estaban incrustados en la piel. Se trataba de los famosos "misiles", una forma de autolesión que utilizan los internos para generar confusión en el diagnóstico (decía que también se los había tragado). Decidí acceder a sus demandas y esperar a que las pilas salierande forma natural, algo que efectivamente sucedió a las 48 horas, momento en el que ambos internos pasaron de nuevo el control radiográfico.

De esta experiencia me quedo con que no vale la pena "pelearse" con los internos que tienen ese tipo de demandas. Si les va a hacer daño, es mejor acceder con amabilidad y así, de buenas maneras, nos ganamos su confianza para que no repitan esos "números de desaparición de pilas", cuando sepan que yo estoy de guardia. En esta ocasión sólo fueron pilas, pero pudo ser mucho peor.

En un ambiente como este, en el que la psiquiatría se mezcla con la medicina general, los desafíos se vuelven más complejos ante las demandas de los internos, a menudo extremas. Se trata de demandas con las que buscan algo de alivio, desarrollando conductas para llamar la atención y conseguir lo que quieren, que terminan pasando de boca en boca, consiguiendo así imitadores que replican el mismo suceso con la excusa de que "si a fulano le funcionó a mí también me puede funcionar".

Este tipo de situaciones hace que el desafío resulte mucho mayor dentro de la atención médica carcelaria y uno termina por aprender que, a menudo, es mejor ceder, evitando una conducta extrema o peligrosa. Si bien es importante mantener límites saludables y proporcionar atención de calidad, a veces puede ser necesario tomar decisiones difíciles para garantizar la seguridad del paciente.

19

LA MOCHILA LLENA

"El cuidado de sí mismo no es un acto egoísta. Es simplemente una buena administración del único regalo que tienes, y el regalo más importante que puedes ofrecer a los demás."

Tony Robbins

Hay internos que, por el hecho de mantenerse estables, con una buena actitud, realizan tareas de apoyo con otros internos que no lo están tanto, bien sea a causa de enfermedades o porque presentan riesgo de suicidio. Estos estos internos de apoyo funcionan como una especie de *"hermanos mayores"* asistiendo a otros internos para el aseo, entrega de medicación, compañía y vigilancia para evitar que se autolesionen.

Este era el caso de una interna en el módulo de enfermería que servía de apoyo a otra que realmente estaba enferma, emocional y mentalmente hablando. A veces se descompensaba y se ponía agresiva, llegando incluso a la agresión física. La vi en un par de ocasiones descompensada, después de un episodio de agresividad en el que atacó a su *"hermana mayor"*. Le mordió la mano y le arañó el brazo haciéndola pasar un mal rato. Tras calmar a la interna agresiva atendí a la *"hermana mayor"*, una mujer de apariencia muy pulcra, vestida de forma adecuada y sedada por la medicación que le acababa de administrar para curarla, quien me pidió, con una voz dulce, que entendiera la situación. No iba a presentar ningún cargo porque era parte del servicio que ella realizaba con esa interna y me pareció un muy loable por su parte que comprendiera y adoptara esa postura.

Tiempo después me avisaron para ver a una interna que presentaba una crisis. Cuando llegó al consultorio vi a una interna despeinada, vestida de forma desaliñada y llorosa. Al principio no la reconocí, pero resultó que se trataba de la *"hermana mayor"*. ¿Qué había sucedido?

Tras conversar unos minutos con ella terminó explotando, llorando y gritando me dijo que no *"podía más"* que cargaba con un peso que no podía sostener. El hecho de cuidar de otros internos en enfermería y proporcionarles tal dedicación había hecho que se descuidara de ella misma y que desatendiera sus propios procesos personales. Esto es algo que se puede tolerar durante un tiempo, pero esa mochila se va cargando y cargando cada vez más de cosas de otros reclusos y termina reventando. Lo mejor que se puede hacer, cuando uno está en una situación de cuidador o se hace responsable de varias personas, es buscar un tiempo de relax y ocio para disipar toda esa energía que, tarde o temprano, termina causando estragos.

A la *"hermana mayor"* la mandamos a descansar a su celda un par de días con medicación para relajarse y así estuvo mejor.

Nunca hay que olvidarse de uno mismo en el arte de servir a los demás. Si uno está bien en su interior irradia esa luz que se extiende a los demás, pero si estamos agobiados o cargados vamos a dar la poca luz que nos queda y para nosotros no quedará nada.

En la antigüedad se utilizaban lámparas de aceite para iluminar los hogares. Para que funcionaran era necesario recargarlas constantemente con aceite limpio y fresco. Si se descuidaba el aceite o no se renovaba la luz se desvanecía hasta apagarse. De manera similar, en la vida diaria, es importante que cuidemos nuestro bienestar físico, emocional y espiritual para poder brindar lo mejor de nosotros mismos a los demás. Si nos descuidamos y no renovamos nuestras energías, nuestra luz interior se debilita y ya no podemos ayudar de manera efectiva a quienes nos rodean.

La metáfora de la lámpara de aceite hace referencia a la importancia de cuidar y renovar constantemente nuestro interior para así poder irradiar luz y ayudar a los demás.

Yo me quedo con que es necesario pulsar el botón de pausa, de vez en cuando, para que así se mantenga el nivel de aceite limpio y fresco en nuestra lámpara.

20

PURO PERÚ

"No hay cosa que más fortifique el ánimo que ver que nuestras acciones son buenas."

René Descartes

Conocí la historia de un interno que se había fracturado un dedo jugando fútbol. Según reportes anteriores, acudía a solicitar (más bien a exigir) Tramadol pues el traumatólogo externo al penal se lo había prescrito ignorando que el Tramadol es una moneda de cambio, un medicamento de uso y abuso, entre los internos. Este fármaco forma parte de la medicación controlada, que se prescribe bajo observación con lupa en casos muy puntuales.

Este interno vino a verme dos meses después de su fractura, aduciendo que presentaba dolor en la zona de la rotura. Al examinarlo pude comprobar que presentaba movilidad completa y había signos de inflamación, en general la herida se veía bien. Entonces, ¿qué era lo que quería? El Tramadol que le había prescrito el traumatólogo, por supuesto.

Después de mucho insistir, con un perfecto acento español-gallego, explicándole que ya habían pasado dos meses y que el dolor no podía ser tan fuerte como para usar ese medicamento, además de recalcarle el hecho de que la fractura ya estaba "soldada", me miró y me pregunto:

- ¿De qué país es usted?
- Peruano, respondí yo.
- ¡Yo también! Exclamó emocionado el interno.

Había encontrado un argumento más para pedirme el dichoso Tramadol, pero en esta ocasión había perdido su acento español-gallego y hablaba con acento y jerga peruana:

- Ya pe' socio, por la patria, mira que somos del mismo país, me dijo.

En ese instante me transporte a mis inicios como médico en un centro médico de San juan de Lurigancho que albergaba a niños en situación de abandono, llamados *"pirañitas"*. Su forma de hablar era similar, muy de barrio y me hizo gracia que se aferrara a algo tan nimio como esto para obtener su ganancia. Le expliqué que el hecho de dárselo o no, no me hacía menos peruano y que no se trataba de un favor hacia otro compatriota pues, a pesar de todo, debía mantener el profesionalismo.

Finalmente, ante tanta insistencia y terquedad por su parte, tuve que pedirle que se retirara. Y al no hacerlo fui yo el que se retiró.

A pesar que me agradó encontrarme con otro peruano, después de llevar una temporada en España, y aunque se tratase de una situación muy diferente, se debe mantener el respeto y ética por la profesión, priorizando lo que es realmente importante para el paciente, aunque él no lo sepa apreciar.

21

EL SISTEMA CREÓ UNA YONQUI

"La dependencia no es libertad, y la libertad es lo único que los hombres y las mujeres realmente necesitan para ser dignos y felices."

Iris Murdoch

Yonqui es un término despectivo con el que se suele llamar a los adictos a drogas, sobre todo ilegales. Muchos de los internos presentan algún tipo de adicción, ingresan con ella y manejarlos no resulta una tarea fácil, pues existe una delgada línea entre recetar y generar dependencia con medicamentos legales. A la hora de cambiar una droga por otra debemos hilar muy fino y hacerlo de un modo multidisciplinario, trabajando al unísono educadores, psicólogos y, cuando se puede, psiquiatras también.

Una tarde nublada mientras hacía una guardia, me avisaron de que había cuatro ingresos para evaluar, redactar la historia clínica y verificar la medicación que tomaban. Generalmente suelo dejar a los primarios (los que nunca han estado en la cárcel antes) para el final, pues es más sencillo hacerles la entrevista, ya no suelen estar bajo tratamientos complejos o sufrir enfermedades graves que requieran más tiempo de evolución. Así que, tras terminar con los tres primeros ingresos, fáciles de elaborar, pasé a evaluar a la mujer que había dejado para el final, confiando en que se trataba de algo sencillo.

Cuando la vi entrar me impresionó la actitud que tenía. Se trataba de una mujer de aspecto descuidado, parecía despistada y su hablar era lento. Rellenando la historia clínica le pregunté por las enfermedades que presentaba y me respondió diciéndome que tenía depresión y diabetes. Nada raro, pensé para mis adentros. Debe estar un poco descompensada, de ahí su actitud y apariencia.

Sin embargo, me sorprendió que, al preguntar por los medicamentos que tomaba, me sacara una larga lista de trece fármacos distintos, listados en un impreso de la seguridad social, por lo que no se trataba de una invención suya. Entre las medicinas había parches de fentanilo (para dolores intensos, generalmente provocados por el cáncer), pastillas de morfina, benzodiacepinas, dos medicamentos para la diabetes, dos antidepresivos, un antipsicótico y algunos otros fármacos más.

Yo esperaba encontrar un anti depresivo y algo para la diabetes, pero no trece medicamentos, algunos de ellos potencialmente adictivos, más aun teniendo en cuenta el modo en que los tomaba, todos bajo prescripción médica. Estaba realmente sorprendido de que tomara tanta medicación y me llamó enormemente la atención el hecho de que todas las medicinas hubiesen sido pautadas por un médico tras otro, sumando y sumando como si se las hubieran dispensado para que no siguiera dando vueltas por el centro de salud, o por lo menos esa fue la impresión que me dio.

En los días posteriores a su ingreso se le ajustó la medicación para que no tomara tantos y pudiera quedarse al final con lo que realmente necesitaba para resolver sus problemas. Se pautó una retirada progresiva, lo cual llevó a que la paciente presentara el síndrome de abstinencia, acudiendo a urgencias casi a diario a pedir más medicación. Se trataba de una situación similar a la de los internos adictos a drogas como cocaína o heroína, sólo que en el caso de estos era un asunto social o emocional lo que los enganchaba a las drogas, y en el caso de esta mujer su enganche se había generado por prescripción médica, sin valorar en absoluto el daño que le habían ocasionado. Ella confió en el sistema de salud y este la convirtió en una adicta.

Ignoro donde quedó el principio fundamental de *"primun non nocere"* (primero no hacer daño) que rige el juramento médico. Supongo que quedó absorto en la burocracia y la desidia de un sistema de salud mental que no da abasto a la hora de atender este tipo de casos o, al menos, esa era la realidad en la que yo me encontraba. En el penal no había un especialista en psiquiatría, cuando se necesitaba alguno se solicitaba una interconsulta que, habitualmente, era respondida en unos cuatro o cinco meses, un retraso que no hacía más que agravar la situación de los internos.

Este caso en particular nos pone sobre alerta acerca de los peligros de la sobre medicación y sus consecuencias, como son el hecho de crear una dependencia a drogas legales, como son los fármacos, en lugar de crearla hacia las ilegales y nos lleva a entender la necesidad de mejorar el sistema de salud mental, especialmente en instituciones penitenciarias, pues esto puede evitar consecuencias a largo plazo y ser de gran ayuda en el proceso de rehabilitación de los internos.

22

MÁSCARAS QUE ENGAÑAN

"El estrés crónico puede afectar seriamente nuestra salud física y mental, y es importante aprender a manejarlo de manera efectiva."

David Fischman

Una mañana me avisaron para que pasara visita en el módulo más difícil que había en el penal: el módulo de aislamiento donde se encuentran los internos de primer grado, es decir, los más avezados, problemáticos, conflictivos y que suelen ser los que han cometido los delitos más graves.

Como ya dije con anterioridad, yo prefiero no preguntar, pero algún día me tenía que tocar. Según pasaba visita y veía a un interno tras otro me di cuenta de que lo escrito líneas arriba encajaba justamente con la descripción de esos internos, hasta que me tocó hablar con un extranjero marroquí de apariencia muy tranquila y trato amable, que tenía pautada una medicación bastante sencilla para el lugar donde estaba. Iba bien vestido y, al entrevistarlo, noté que se trataba de un hombre era culto, con "la cabeza bien amueblada". Me limité a centrarme en la consulta médica y el asunto se quedó ahí.

Pero algo no encajaba, ¿por qué estaría una persona como él en un lugar así?

La duda me asaltaba y decidí indagar un poco más encontrándome con que el motivo de su encierro era que había asesinado a dos personas en un arranque de furia, un ataque de esos que uno tiene cuando se le cae el café encima, se queda atrapado en un atasco de tráfico, llega tarde al trabajo, tu jefe te grita y al final del día llevas acumulado tal nivel de estrés que terminas, literalmente en este caso. matando a alguien. Desconozco si él habría tenido un día como el descrito, pero lo cierto es que para llegar a actuar así y terminar donde estaba debe haber acumulado mucho estrés a lo largo de su historia.

Este interno es un claro ejemplo de lo que significa vivir en una sociedad "moderna" que te presiona todo el tiempo para ir de un lado a otro, en el menor tiempo posible, con el mejor coche y con el status social más alto. Una vida moderna que nos olvidamos de vivir por el simple hecho de cumplir con los estándares impuestos por la sociedad.

Esta exposición constante al estrés genera una liberación de cortisol, que, si se mantiene en el tiempo, puede llegar a generar problemas cardíacos, obesidad, diabetes, depresión, ansiedad y muchas otras enfermedades. En resumen, es algo completamente negativo para nuestro cuerpo y toda esa presión acumulada busca una vía de escape.

Aunque no hay que esperar para llegar al límite de matar a alguien. Sería suficiente con prestar atención a nuestro propio cuerpo y observar cuando está cansado, cuando algo no funciona bien, cuando estamos irritables.

En estos casos es mejor tomarse un tiempo para desconectar, algo que se puede conseguir con facilidad a través de la meditación, realizando algún tipo de actividad física, disfrutando de la familia o estando en contacto con la naturaleza. Realizando alguna de estas actividades se puede lograr disminuir ese estrés que se siente antes de llegar a un extremo sin vuelta atrás. Porque todos estos desequilibrios ya nos van dando, poco a poco, pequeños avisos que muchas veces nos negamos a percibir.

Algunas de estas señales requieren incluso atención médica, como puede ser una angina de pecho. Justamente esto es lo que le sucede a Ignacio Rodríguez, un gerente sumamente estresado y con muy mal genio a quien le da un micro infarto, tras lo cual decide embarcarse en una búsqueda interior que lo lleva a mejorar su calidad de vida. Ignacio es el personaje principal del libro de David Fischman *"El secreto de las siete semillas"*.

Si no prestamos atención a estas señales puede que el desequilibrio mental sea de tal magnitud que terminemos matando a alguien o matándonos a nosotros mismos sufriendo un infarto o contrayendo un cáncer.

23

Cualquier día es un mal díapara ingresar

"Para ser libre, no basta con librarse de las cadenas, sino vivir de una manera que respete y mejore la libertad de los demás."

Nelson Mandela

Un sábado que tenía toda la pinta dc convertirse en otro día rutinario, sin nada especial a la vista, mientras realizaba las consultas del día, atendía las urgencias y ponía al día el trabajo administrativo en el módulo de enfermería, inesperadamente se volvió un día completamente oscuro y triste y de repente comenzó a llover.

Cuando ya estaba a punto de terminar las labores rutinarias, a última hora de la tarde, casi entrada la noche, me avisaron de que había un ingreso voluntario para evaluar. Un ingreso voluntario es una persona que tiene una orden de detención y que, de forma voluntaria, antes que lo detenga la policía o sean arrestados en alguna situación comprometida, se presentan al penal para cumplir pena por su delito.

Debo confesar que aquel asunto me fastidió un poco pues tratándose de un día tan tranquilo me acababa de sacar del letargo de mi rutina. ¿Cómo era posible que alguien pudiera presentarse un sábado lluvioso por la noche en un penal y más aún de forma voluntaria? ¿Acaso ese hombre no tenía nada mejor que hacer? ¿No podía haber ingresado el domingo o, mejor todavía, el lunes, con el inicio de la semana? ¿Porqué un sábado? ¿Por qué denoche? ¿Por qué en un día lluvioso?

Cuando ya me encontraba más calmado, en un tono de broma le comenté al interno de apoyo en el módulo de ingresos esa molestia que yo sentía, diciéndole: *"qué mal día escogió este hombre para ingresar"*. La respuesta que recibí me regaló una gran lección cuando escuché cómo me decía *"Doctor, cualquier día es un mal día para ingresar a este lugar"*.

Aquellas palabras me hicieron ver que yo estaba fastidiado por algo que no tenía ningún sentido. Yo me podía ir al día siguiente a mi casa, pero él y todos los demás internos no. Ese instante de molestia me hizo perder la empatía, pero, afortunadamente, este interno con su comentario me devolvió a mi centro y no le faltaba razón. Había pensado que era un mal día para mí, sin pensar en absoluto que otra persona lo estaba pasando mucho peor que yo.

El hecho de que se tratara de un día lluvioso o soleado daba igual. Que fuese por la mañana o por la noche nada importaba, ni tampoco que fuese sábado, domingo o lunes. Aquel hombre estaba perdiendo su libertad.

La reflexión con la que me quedo de esta situación es que una lección o un maestro pueden estar en cualquier parte, siempre y cuando tengamos disposición para prestar atención y dejar a nuestro ego de lado. Debemos evitar que sea él quien conduzca nuestro coche, nuestra vida, y aprender a sentarlo en el asiento del copiloto.

Aquel día aprendí también a apreciar mi propia libertad.

¡Cuántas veces, damos por hecho que es un derecho fundamental que nos pertenece y no la apreciamos como deberíamos! ¡Cuántas veces olvidamos que muchos no tienen el privilegio de disfrutarla como nosotros lo hacemos ...!

24

EN EL LUGAR EQUIVOCADO A LA HORA EQUIVOCADA

"El miedo es una emoción básica que nos protege, pero si lo dejamos que nos domine, puede limitarnos y hacernos infelices."

Mario Alonso Puig

Siempre intento evitar juzgar o justificar de alguna manera el hecho de que un interno esté en prisión. Como también mencioné con anterioridad, evito preguntar el motivo por el cual se encuentran en prisión. Si ellos me cuentan yo escucho,pero sin juzgar.

En una ocasión, uno de los internos de apoyo, entre conversación y conversación, se animó a contarme qué le había llevado al penal. Su historia comenzaba con una hija que tenía con autismo, lo cual significaba una carga emocional, económica y familiar considerable para poder sacarla adelante día a día. Según me contaba, al principio era algo que iba logrando, aunque no sin bastante estrés. Consiguió liberar toda esa ansiedad que sentía metiéndose unos chutes de cocaína de vez en cuando lo cual, sin engancharse a ella, según sus propias palabras, argumentando que en la cárcel la había dejado completamente sin presentar ningún síndrome de abstinencia.

Siguió contándome que uno de los días que paso por la casa de su camello a por su ración semanal, al encontrarse la puerta abierta, entró lentamente y, para su sorpresa, se topó con su camello muerto en un charco de sangre. Se quedó perplejo y, sin saber muy bien qué hacer le entró en un dilema: o llamaba a la policía y se descubría que era consumidor, o salía por patas del lugar. El miedo lo llevó a salir corriendo, no sin antes dejar sus huellas dactilares y las de sus zapatos en la escena del crimen. Lo atraparon varios días después gracias a las cámaras de vigilancia locales. Tras hacer un seguimiento, a falta de otro culpable lo acusaron a él de lo sucedido y así fue como llegó a prisión. Cuando lo conocí se encontraba en medio del juicio, entre un montón de papeleos para demostrar su inocencia.

Todo lo anterior es la versión que él me contó de lo sucedido y con ella yo únicamente puedo hacerme una idea de quién es ese recluso y de si cometió o no un error. No creo que haya sido capaz de matar a un hombre, pero seguramente sí se dejó llevar por el miedo a tener que enfrentar su realidad, esa que lo carcomía por dentro, esa que no fue capaz de aceptar, esa que lo llevó a esconderse en las drogas, muchas o pocas, pero lo que si es cierto es que no fue capaz de enfrentar ese momento.

Ante una situación de miedo, podemos reaccionar de tres maneras: primero paralizarnos sin saber qué hacer, algo que puede resultar bastante peligroso, ya que no nos permite buscar la protección que podemos necesitar. Segundo, enfrentarnos a lo que nos está causando el miedo, lo cual requiere valentía y determinación. Y tercero, huir y salir corriendo, que fue lo que sucedió en este caso.

Aprender a gestionar nuestros miedos nos permite crecer y evolucionar. No se trata de no tener miedo, pues el miedo siempre va a estar ahí. Se trata de no dejarnos llevar por él. Enfrentar nuestros propios miedos es una parte fundamental del crecimiento como persona. Este hombre optó por salir corriendo y con eso cambió su historia, terminó en prisión y así aprendió la lección más dura de su vida y aprendió a valorar lo más importante que de su vida: su familia.

25

Asaltante de bancos

"El encierro es una experiencia que cambia la vida, puede ser un castigo o una oportunidad, depende de cómo se enfoque."

Nelson Mandela

¿Te imaginas cómo sería entrar en una cápsula del tiempo y despertarte veintidós años más tarde? Estaríamos ante un mundo nuevo, totalmente cambiado por el vendaval tecnológico.

Pues algo así le pasó a uno de los internos a quien le tocó salir de permiso tras veintidós años encerrado en una cápsula llamada prisión. Seguramente él hubiese preferido estar dormido y no haber pasado por todo lo que vivió allí adentro.

Según el mismo me contó, había sido uno de los mejores asaltantes de bancos de toda España. Aunque al final resultó no ser tan bueno, pues lo habían atrapado, si bien él se excusaba diciendo que la cadena siempre se rompe por el eslabón más frágil y así era cómo lo habían capturado.

Había ingresado al mundo del delito casi por azar, por ofrecimiento de uno de sus clientes. Por aquel entonces tenía un negocio de hostelería y su primer "trabajo" asaltando un banco le resultó tan sencillo que decidió quedarse en ese mundo tanto como pudiera. Fueron casi diez años sin que lo atraparan, robando bancos con artilugios de máxima precisión a lo largo de todo el país, hasta que terminó en prisión.

En la cárcel fue testigo de cómo se generaban los cambios en el sistema penitenciario, donde la prisión pasó de ser tierra de nadie a un centro de rehabilitación. A pesar de todas las deficiencias y de las mejoras que sucedieron en todos los sentidos, esos más de veinte años en prisión suponen un largo retiro para reflexionar sobre todo lo sucedido. Para él todo este tiempo era una pérdida total, separado de su familia, alejado de todos los lujos que conocía, y por lujos me refiero a poder comer una simple barra de chocolate, poder ver una película a gusto o, simplemente, sentarse con su familia a la mesa.

En el aire flotaba la sensación de que no había servido de nada todo el dinero que había ganado en los asaltos que había cometido a cambio de dos décadas privado de esos "lujos" tan cotidianos para cualquiera de nosotros. La vida de un delincuente puede parecer fácil y lucrativa al inicio, pero tarde o temprano las consecuencias terminan por revelarse y salir a la luz: al final se pierde más de lo que se ha ganado.

Este es uno de los casos en los que, para mí, se puede hablar de una verdadera rehabilitación, pues la reflexión llevó a este hombre a sentir realmente la enorme pérdida que vivió.

26

LA NOCHE DE LOS CHINADOS

"La capacidad de escuchar es una herramienta fundamental para sanar y crecer como seres humanos."

Mario Alonso Puig

No sé si fue el calor del verano, la conjunción de planetas o simplemente mi propia suerte, pero sucedió que una noche de tantas, como si todos se hubiesen puesto de acuerdo, decidieron "chinarse" los brazos siete internos a la vez.

"Chinarse" es un término que se emplea en prisión para los cortes que se realiza un interno por sí mismo, algo que va desde los más leves, como simples arañazos, hasta los más profundos, con exposición de músculo. El nivel de gravedad depende del estado de ansiedad en el que se encuentra el interno y de la herramienta que tenga a la mano para hacerse las heridas. Lo más común es que usen chapas de mecheros o navajas de afeitar y, como ya mencioné con anterioridad, el hecho de observar cómo brota la sangre de sus cuerpos les proporciona una especie de liberación de toda la tensión que acumulan en su interior, al tiempo que, muchas veces, esconde un grito de ayuda para lograr ser escuchados.

Aquella noche llegaron siete reclusos a mi guardia con una gran variedad de cortes. Creo que batí un récord de atención médica simultánea aquel día.

Todos los internos fueron atendidos y dados de alta sin mayores complicaciones, pero yo me pregunto si el sistema los está escuchando realmente o si de verdad es necesario que envíen esos mensajes de sangre para conseguir ser escuchados.

Muchas son las causas que pueden esconderse detrás de este comportamiento: los estados emocionales propios de los internos, el abuso o el uso inapropiado de las prescripciones médicas, pues está claro que no están dando un buen resultado, la falta de consultas médicas especializadas por parte de psiquiatras y psicólogos y, por último, la falta de atención personalizada en el momento de la consulta, ya que, muchas veces, los internos, con todo el arte que tienen para manipular, solo quieren ser escuchados.

Lo que sí me quedó claro fue que debía mejorar mi atención en consulta para que se sintieran escuchados.

27

CONOCÍ A "LUPO"

"La presencia de un perro puede convertir un espacio terapéutico en un refugio de confianza y seguridad, donde las palabras se vuelven innecesarias y el amor se comunica en silencio."

Mario Alonso Puig

Un día de trabajo regular, mientras me desplazaba de un pabellón a otro, vi pasar a tres internos con un perro. Sí, había un perro dentro de la prisión. Me llamó mucho la atención y me resultó muy curioso, tanto que me acerque a los internos a preguntarles qué era lo que hacía el perro allí dentro. Me contestaron que el animal estaba trabajando, era parte de un programa de apoyo a los internos, que buscaba apaciguar ciertas actitudes de los internos designados a su cuidado, creándoles la responsabilidad de cuidar de él.

El perro se llamaba Lupo. Era un labrador que no llegaba al año de edad, entrenando para ser un perro de apoyo. Esta raza es muy confiable y la preferida para este tipo de tareas por tener un perfil más sociable. Los internos que estaban a cargo de Lupo se encargaban de alimentarlo, bañarlo y sacarlo a pasear por las zonas verdes que había entre los pabellones.

Numerosos estudios han demostrado que este tipo de actividad genera en los internos una reducción en el uso de fármacos ansiolíticos, descenso en los cuadros de ansiedad, regularización de las conductas agresivas e incrementos de la autoestima.

Si uno de los internos a cargo del animal presentaba un cuadro de ansiedad estos se regulaban con un largo paseo con Lupo. Al generar la responsabilidad de su cuidado mejoraba su autovaloración y autoestima, cuidándose así mejor a sí mismos. Pude constatar que realmente funcionaba pues los internos que paseaban y atendían a Lupo presentaban mayores progresos en su tratamiento.

Discutiendo un poco sobre este programa, noté que había quienes no estaban de acuerdo con que un perro estuviera solo en un penal, ya que lo consideraban una especie de maltrato animal. Sin embargo, lo que yo pude ver era justamente lo contrario, ya que el animal estaba bien cuidado, sano y se le veía muy contento. Parecía entender que esa era su misión en la vida y la cumplía de la mejor manera que sabía. Para mí el intercambio era más que justo: él recibía atención y cariño y, a cambio, los internos a su cargo recibían lo mismo de Lupo.

No cabe duda que el amor de un perro es incondicional y si algo así logra mejorar la calidad de vida de estos internos, es una verdadera lástima que no se difundan más este tipo de programas, ya que claramente aportan muchos beneficios a los que participan de él y, bien llevado, ni siquiera cabría mencionar ese leve destello de maltrato animal.

28

EL VALOR DE LAS COSAS

"Solo cuando se nos priva de libertad, comenzamos a valorar su verdadero significado y a apreciar cada pequeño aspecto de ella."

Nelson Mandela

Visualiza las cosas cotidianas que haces en tu vida: despertarte, recibir un saludo y un beso de tu pareja, de tus hijos, tomar el desayuno a la hora que deseas, servirte de lo que tengas en tu nevera a tu gusto, salir de la casa e ir a donde te dé la gana, comer un chocolate que pillaste en el supermercado, ir al cine con la familia y regresar a la comodidad de tu casa...

Puede parecer algo rutinario y natural, pero justamente las cosas más sencillas de la vida son lo que más extrañan los internos en el penal, donde lo que tienen es un horario estricto de comidas, para despertarse e irse a dormir (o por lo menos en lo tocante a la hora de irse a la celda, lo de dormir luego es algo opcional), te dan la comida que hay, no la escoges tú, a la familia la ves a través de un cristal y un poco más de cerca si te portas bien y ese chocolate nunca llega...

En el penal esos pequeños lujos son "oro puro".

Todas estas pequeñas cosas de las que disfrutamos cada día a veces son tan obvias para nosotros que las pasamos por alto. Sin embargo, en un penal, para los internos, todas esas cosas que para nosotros resultan tan obvias y las damos por sentadas, para ellos resultan ser algo sumamente apreciado y valorado.

Cuidemos y agradezcamos cada pequeña situación, cada pequeño gesto que tenemos la suerte de poder disfrutar en nuestra vida. No todo el mundo tiene la misma suerte que nosotros.

29

SE COSIÓ LA BOCA

"En lugar de criminalizar las enfermedades mentales, deberíamos enfocarnos en proporcionar tratamientos adecuados y programas de rehabilitación para ayudar a los reclusos a recuperarse y reintegrarse en la sociedad."

Siddhartha Mukherjee

Hemos hablado de los "chinados" y de las distintas maneras de llamar la atención que tienen los reclusos en la cárcel, pero lo que sucedió una tarde, algo fuera de serie, no me lo habría imaginado jamás.

Llegó a mi encuentro una enfermera y, con una tremenda cara de susto, exclamó: *"se ha cosido la boca".* Acababan de traer a un interno que, literalmente, se había cocido la boca. Ni ella ni yo habíamos visto antes algo parecido. Cuando me acerqué a examinarlo noté que tenía atravesados ambos labios por un alambre de cobre, amarrado sobre sí mismo con un par de vueltas. Con mucho esfuerzo, ya que apenas podía modular palabra, argumentaba que estaba cansado de no ser escuchado, así que había preferido "cerrar la boca".

Después de convencerlo y retirar la sutura improvisada sin mayor complicación, revisésu historia y nos dimos cuenta de que se trataba de un recluso que presentaba brotes psicóticos y este era uno más. La vez anterior había ingresado a consultorio "nadando", literalmente nadando en el suelo, haciendo todos los movimientos y en su mundo él estaba en una piscina.

En el penal los internos con enfermedades psiquiátricas se encuentran "confundidos" entre la etiqueta de antisocial o toxicómano. En demasiadas ocasiones identificamos internos que no deberían estar cumpliendo condena en un penal, sino que deberían estar ingresados en un centro psiquiátrico con mayor ayuda profesional y terapias adecuadas que en penal no podemos proporcionar. Muchas veces nos quedamos algo atados de manos con la medicación y, sin contar con el de un psiquiatra, nos quedamos si cabe todavía más huérfanos.

"Se hace lo que se puede", dicen los más antiguos, pero yo siento que sigue siendo insuficiente. Todo esto podría cambiar con sencillos cambios en la política de administración de justicia, un tema controvertido que no me gustaría tratar aquí, pues ese no es el propósito de este libro, pero lo que sí me gustaría, con esta historia, es dejar constancia de que es algo muy habitual, y que sucede con demasiada frecuencia dentro de un penal.

30

EL USO INADECUADO DE UN MEDICAMENTO COBRA OTRO SIGNIFICADO

"La muerte puede ser vista como el final de nuestro sufrimiento y el comienzo de la redención, el paso hacia una existencia eterna y libre de limitaciones."

Deepak Chopra

Cuando uno se para a leer el prospecto donde aparecen todas las indicaciones y efectos adversos de un medicamento, se ve claramente que hay una serie de efectos no deseados si se hace un uso inadecuado del mismo, lo que incluye tomar de más, tomar de menos y tomarlos por una vía no adecuada, es decir que se trate de un medicamento que debe administrase por vía intravenosa y que se coloque de forma intramuscular, por ejemplo.

En el penal se ve mucho de esto, sobre todo con la medicación de uso libre, donde se emplea de más. Y así, lo pautado para cinco días se lo toman en dos o en tres, probablemente buscando una mejoría más rápida.

Cuando se trata de psicotrópicos indicados o "comprados" en el mercado negro, la cosa se agrava ya que una sobredosis ocasionada por la ingesta de este tipo de medicamentos puede resultar algo realmente complicado.

En situaciones normales, se puede identificar un medicamento del cual se abusó, tomando de más, y en cierto modo se puede reorientar el tratamiento a modo de antídoto para esa medicación. Sin embargo, en el penal llegan con toda la sintomatología del "colocón", negando haber tomado algo y muchas veces el resultado de una mezcla de pastillas de todo tipo hace que resulte difícil proporcionar el tratamiento más adecuado. Generalmente la motivación no es el suicidio, simplemente buscan ver qué resultado consiguen, aunque en el fondo se trate de un uso inadecuado de medicamentos.

Una situación extrema ocurrió un día en el que un interno amaneció muerto en su celda por haber fumado Pregabalina, un medicamento que se emplea para el dolor crónico de origen neurológico, y que también se usa como ansiolítico por vía oral. El recluso decidió hacerla polvo, enrollarla en papel de cigarro y fumarla y no despertó para contar qué efecto le produjo.

Además de hablarnos de la muerte, está historia nos transporta a un nuevo nivel, el del uso inadecuado de los medicamentos.

Para algunas tradiciones culturales y corrientes filosóficas la muerte representa una redención, una liberación, sobre todo cuando se observa desde la perspectiva de aliviar el sufrimiento humano o alcanzar un estado de paz o trascendencia. La muerte puede ser vista como el fin de las dificultades y desafíos de la existencia terrenal permitiendo la entrada a un estado superior o una vida después de la muerte, algo que dependerá de la concepción filosófica o espiritual de la cual provenga la información.

¿Podría ser la muerte la redención máxima? Dejo esa pregunta en el aire para que el lector la asuma desde su propia concepción.

31

AZUZANDO AL CAÍDO

"La atención plena y el enfoque en la salud mental son esenciales para romper el ciclo de comportamientos dañinos y fomentar la curación y el crecimiento personal."

Eckhart Tolle

En uno de mis libros favoritos, "El Médico", de Noah Gordon, se narra un evento con una osa que ya no podía seguir dando espectáculos. Le habían retirado las garras y su última actuación iba a ser una pelea contra tres perros en la que lloverían las apuestas. La osa, enferma y sin garras, logró someter a los perros, pero matarlos no había sido suficiente espectáculo y, mientras yacía en el suelo, agonizando a causa de las heridas que había recibido, los participantes seguían clavándole las lanzas, intentando que fluyera toda su agresividad.

En varias ocasiones he notado que cuando un interno es traído al consultorio por funcionarios después de estar involucrado en una pelea o por una alteración de conducta, se produce una exaltación que se transforma bien en calma o bien arrepentimiento cuando se da cuenta de que ha perdido.

A pesar de eso, esa exaltación se mantiene en los funcionarios que lo azuzan con gritos y muchas veces con amenazas, buscando sacar lo peor de él, esperando que reaccione con violencia como la osa de la historia, algo que, obviamente, lo único que hace es empeorar la situación.

En alguna ocasión he tenido que llamar la atención a algunos funcionarios que actuaban así cuando el interno ya estaba calmado, haciéndole ver que al haberse tranquilizado no era prudente seguir gritándole, pues eso solo encendería más el fuego. Yo estoy seguro que este comportamiento forma parte del estrés asociado al hecho de ser funcionario en un centro penitenciario.

Si toda esta exaltación se detiene en el punto exacto no se genera la ganancia secundaria del interno que, a mi modo de ver, consiste en ver cómo todo el personal se moviliza a causa de sus hechos, buscando llamar la atención. Si los funcionarios paran o se tranquilizan quien pierde es el interno, pues no consigue esa ganancia secundaria y, en cierto modo, se beneficia pues no termina en el pabellón de aislamiento. La exacerbación de la agresividad solo empeora la situación y no genera, en ningún caso, resultados positivos.

Con esta historia me gustaría resaltar la importancia de prestar atención a la salud mental de todos los involucrados en el sistema penitenciario, internos y también funcionarios.

32

CUMPLEAÑOS FELIZ

"El alcohol en prisión es un consuelo efímero que nubla la mente y dificulta la capacidad de cambio y crecimiento personal."

Viktor Frankl

Como conté al principio del libro, me acababa de mudar a España con mi familia y decidimos buscar un lugar tranquilo para vivir. Escogimos un pueblo cercano a nuestros lugares de trabajo (incluido el penal) y nos decidimos por una casa grande y antigua, rodeada de pastos y varios árboles frutales, con manzanas de varios tipos, castaños e incluso vides.

Todo era muy bonito hasta que llegó la primavera y todos los árboles empezaron a producir fruta a raudales. De repente estábamos atiborrados de manzanas sin saber qué hacer con ellas así que decidí llevar unos cuantos kilos de manzanas al penal. No hubo mayor problema para meterlas dentro, pero sí me advirtieron que aquellas manzanas solo podían estar en el comedor de la enfermería y no me podían asegurar que fuesen a llegar a los internos.

En aquel momento no entendí a qué se referían con aquella advertencia, hasta que en una de mis guardias llegó un interno en estado de embriaguez. ¿Cómo podía haber sucedido aquello? ¿Cómo podían haber hecho para traficar alcohol?

Resultó que no comerciaban con él, sino que ellos mismos lo producían. Se llamaba "chicha" y se obtenía fermentando fruta en agua azucarada, lo cual produce alcohol, que sirve como bebida espirituosa.

El interno que llegó con semejante cogorza había estado festejando su cumpleaños, de ahí la borrachera. Esto, sumado al cóctel de medicamentos que también había ingerido, hizo que pasara la noche en enfermería. En todo momento estuvo fuera de peligro y la única consecuencia que tuvieron sus actos fue la espantosa resaca que le dejó la "chicha".

Por esa razón me habían advertido que semejante cantidad de fruta no debía llegar a los internos, ya que podrían emplearla como materia prima para producir más "chicha".

33

Fractura de boxeador

"La ira es como beber veneno y esperar que el otro muera."

Buddha

Algo muy frecuente dentro del penal es que los internos sufran ataques de ira y que la canalicen a través de golpes, bien sea entre ellos o contra objetos que tienen a mano.

Juan llegó a la consulta aquejado de una hinchazón en la mano derecha, según él, debido a una caída mientras jugaba al futbol. Al examinarlo presentaba dolor en la base del quinto dedo de la mano, el meñique, provocándole una cierta limitación en el movimiento.

Tras pedir una radiografía pude constatar que se trataba de una fractura del quinto metacarpiano, una rotura que se produce a causa de un traumatismo directo con el puño cerrado, o lo que es lo mismo, un puñetazo, dado de mala manera.

A este tipo de fractura se la conoce como la "fractura del boxeador" pues es muy común en personas que practican este deporte, en las que golpean con el puño cerrado en una mala posición. Para dar un golpe de este tipo, el impacto debe de producirse con el segundo y tercer nudillo (la cabeza de los metacarpos), si el impacto es con el quinto, al tener cierta movilidad se genera una fuerza que fractura la cabeza del metacarpo. En el caso particular de Juan resultaba poco probable que hubiese sucedido a causa de un trauma deportivo.

Al final el interno confesó que, en un ataque de ira, golpeó la pared y así fue como se lesionó la mano. En estos casos, invariablemente la pared siempre gana.

Muchas veces los reclusos ocultan la verdad acercas de cómo se produce una fractura u otro tipo de herida porque están implicados en altercados con otros internos y un suceso como ese no quedaría bien en su expediente. Pero esta es una de esas fracturas que siempre cuentan la verdad, una verdad que suele ser distinta a la que cuenta el interno.

El manejo de la ira es un punto crucial a la hora de trabajar con los internos, algo que, a la hora de la verdad, se suele dejar de lado porque se terminan priorizando otras cosas como la salud física o el tratamiento psiquiátrico (en casos de ansiedad, depresión o toxicológicos), sin tener en cuenta que es parte de un tratamiento que debería de ser integral.

34

Jueves, calor y deudas

"El que contrae una deuda se convierte en esclavo del prestamista."

Proverbio chino

Otro día más de guardia en verano y... ¡oh no, es jueves!

¿Qué tiene de inusual el jueves?

Que es el día en que a los internos les depositan saldos en sus tarjetas. Los jueves reciben el dinero que ganan por trabajar en los talleres y también lo que depositan sus familiares, en una tarjeta de débito que pueden utilizar en las pequeñas tiendas que hay en cada módulo, en las que pueden comprar algunos productos básicos como conservas, pan, café, pilas o cigarrillos.

Todo esto sumado a que se trataba de un día de verano, cálido, soleado y largo, da como resultado un cóctel que predispone a la exaltación y a la violencia. Y si a todo esto le sumamos que el hecho de tener dinero implica que es también momento de saldar deudas (que algunos no quieren o no pueden pagar), se genera una tormenta perfecta que termina con varios internos por la tarde en el consultorio, llevados por los funcionarios tras presentar algún tipo de alteración del orden o haber estado involucrados en peleas.

Y, por supuesto, también están los que piden ser atendidos y exageran cualquier síntoma que tengan buscando quedarse uno o dos días en el pabellón de enfermería para así evitar esos temidos enfrentamientos por las deudas que tienen pendientes.

Cada institución tiene su propio sistema de funcionamiento interno, como si se tratase de un organismo vivo, y sabe perfectamente qué es lo que sucede con más frecuencia en él.

35

PATRONA DE LOS RECLUSOS

"Espérame madre bella muy pronto esté a tu lado/Con esta Virgen tan buena/Que de su altar ha bajado a darme la libertad."

LatinBrothers -Virgen de las Mercedes

La Virgen de la Merced o Virgen de las Mercedes es una advocación mariana venerada por la iglesia católica. Cuenta la tradición que en el siglo XIII la Virgen María se le apareció a Pedro Nolasco, encomendándole la misión de redimir a los cristianos presos por los musulmanes durante las cruzadas, formando la orden de los Mercedarios. Con el paso del tiempo, la devoción a esta Virgen se propagó por España y por todo el mundo.

La Virgen de las Mercedes es un símbolo de esperanza, consuelo y protección para todos aquellos que están privados de su libertad. Su festividad se celebra el veinticuatro de septiembre y el penal no se queda atrás a la hora de festejarla: se oficia una misa y algunos internos lo celebran como si se tratase de su propio cumpleaños.

En esa ocasión entre los asistentes había uno que otro "moro" interno, de religión musulmana. Entendí la importancia que podía infundir en ellos la presencia de María para tener un poco de fe, ya que en el Islam se menciona a la Virgen María y es vista como una figura importante para esta religión.

Sin embargo, la representación de la Virgen de las Mercedes es algo exclusivo del mundo católico, lo cual me lleva a parafrasear a Ingrid Betancourt cuando en una de las charlas TED dijo: *"a Dios no le importa si no crees en él, él te escuchará y te ayudará de igual forma"*. Y así es como lo entienden esos internos musulmanes.

Como anécdota mencionaré el hecho de que a algunos internos que estaban aquel día en la enfermería les hice escuchar la canción de los "Latin Brothers" Virgen de las Mercedes (Patrona de los reclusos), una canción de salsa que consiguió conmoverlos, pues su letra cuenta la historia que un interno que pide libertad a la patrona.

36

REDUCCIÓN DE CABEZA

"No se puede juzgar el nivel de civilización de una sociedad por la forma en que trata a sus ciudadanos más respetables, sino por la forma en que trata a sus prisioneros."

Fyodor Dostoyevski

Esta es la historia de Roberto, un interno que "apareció" en el módulo de enfermería. Le pregunté a la enfermera si sabía por quérazón había ingresado directamente a enfermería y no a otro módulo, ya que si estaba ahí debía tener alguna enfermedad crónica.

Pedí que lo llevaran a consulta para poder evaluarlo y verificar el motivo por el cual estaba allí y la razón por la cual había ingresado de forma directa.

Cuando entró en la consulta venía perfectamente vestido y aseado, parámetros indirectos que sirven de ayuda para hacerse una idea del estado mental del paciente. Llevaba una carpeta con muchos documentos. Durante la entrevista me comentó que estaba siendo objeto de estudio por parte de varios doctores y que entre los documentos estaban los informes que le habían realizado durante todo ese tiempo. Cuando los revisé constaté que había todo tipo de papeles excepto médicos. Había facturas, recibos de electricidad, fragmentos de libros y hasta documentos legales, pero ningún informe médico.

Entonces, sospechando algo, le pregunte a cerca de cuál era su enfermedad y sobre qué lo estaban estudiando todos aquellos doctores y su respuesta me dejó sorprendido. Casi textualmente, me contó que su cabeza se le había estado reduciendo poco a poco, que sus sombreros ya no le sentaban como antes y que no encontraban una razón para eso. No tenía ningún otro síntoma, sólo la reducción de su cabeza.

Fue entonces cuando entendí que su ingreso directo se debía a que era un paciente psiquiátrico, tenía un diagnóstico de esquizofrenia. Pude ver que estaba algo compensado, pero con la fijación de que su cabeza se estaba reduciendo, pude acceder a su historial y en él se describían muchos episodios similares, así como diversos brotes psicóticos.

Si bien resulta ser una anécdota curiosa, por el misterio que rodeaba su ingreso, reafirma la necesidad de que un paciente psiquiátrico debe estar en un hospital y no en una prisión. Y es más que probable que su estado mental debilitado esté detrás de la causa del delito que haya cometido. Por eso considero que debe ser una prioridad restablecer o compensar el estado mental, una tarea que resulta sumamente difícil en el sistema penitenciario dada la falta de recursos existente en el mismo.

Con el paso del tiempo, en un ambiente penitenciario estos pacientes, ante la falta de control que tanto necesitan, terminan descompensándose por completo, lo cual constituye un enorme peligro, tanto para el resto de los internos como para ellos mismos.

37

De visita por el invierno

"La cárcel no puede ser una respuesta para aquellos que delinquen por necesidad. Debemos abordar las raíces de la pobreza y la exclusión, creando sistemas que brinden oportunidades de desarrollo integral y promuevan la inclusión social"

Papa Francisco

Cierto día me puse a conversar en el módulo de enfermería con uno de los internos de apoyo. Llevaba veinte años cumpliendo condena, por lo que había visto y había vivido la gran reforma del sistema penitenciario y conocía todo tipo de historias sucedidas en el penal.

Me relató que había internos que no tienen hogar, que viven en las calles y son visitantes asiduos de la prisión. Ingresan justamente cuando comienza el invierno. Cometen delitos justo antes de que empiece la temporada de frío para así poder estar encarcelados durante el invierno y tener calefacción, mantas y tres comidas al día.

Como los delitos no son graves se quedan por cortas temporadas de tres o seis meses, lo suficiente para pasar la época de frío.

Cuando en alguna ocasión yo comentaba que trabajaba en un penal, con frecuencia me decían que allí dentro los reclusos *vivían como reyes* con comodidad, calefacción y tres comidas al día, y le agregaban, con más rabia todavía, la coletilla de que "todos pagamos por eso" (con nuestros impuestos).

Si bien esta situación tiene algo de cierto, así es como está diseñado el sistema y, en cierta forma,como contaba en otro capítulo, por más que tengan todas esas comodidades no tienen libertad y eso, estimado lector, es algo invaluable.

38

VIDAS EN PAUSA

"En las cárceles, las vidas quedan suspendidas en un limbo de tiempo, pero debemos recordar que todos merecen una oportunidad de redención y reinserción."

Michelle Obama

Cuando una persona ingresa en prisión su vida entra en pausa. Aunque aveces no lo note (quizás porque sea asidua a esa vida de constantes ingresos) cada vez que entra deja algo atrás: familia, amigos y toda una vida que, en ese mismo instante, se ve modificada por la rutina impuesta del penal, por comer lo que hay, no lo que uno quiere, por las horas de luz que le dan, no las que uno quiere, por el estrés que genera el estar ahí adentro, donde muchas veces la vida no vale más que un paquete de drogas o de cigarrillos.

Si merecen o no estar ahí, eso yo no lo sé. Sólo sé que su vida cambia y entra en pausa, esperando a ver si en algún momento la retoma. Para bien o para mal, esa pausa que aveces nos exige la vida puede ocurrir de muchas maneras. Para los internos de un penal es una pausa física de aislamiento del mundo. Para algunos de los que estamos afuera, puede ser el enfermar y postrarse en una cama o puede que estemos recluidos en otro tipo de prisión como, por ejemplo, estar en un trabajo que no nos guste. En cualquier caso, estas pausas que nos pone la vida en frente son para que nos tomemos un respiro y para que nos preguntemos qué más podemos ofrecer, para crecer y ser mejor persona.

Muchos internos no lo pasan nada bien allí adentro y tan solo esperan a que alguien le dé al botón del "play" nuevamente para salir y reconectarse con mundo que dejaron atrás. Si deciden continuar por el mal camino regresan hasta que, de un modo u otro, terminan por aprender. Aquellos que deciden tomárselo de un modo diferente son los que, gracias a la pausa, pudieron reflexionar para no caer denuevo en el mismo error.

Escribí este libro como reflexión del hecho de que, a pesar de estar en pausa, siempre hay un gran aprendizaje detrás de este paréntesis que, según desde qué lugar nos encontremos, lo podemos captar como espectador, actor secundario o protagonista.

Dependerá del grado de apertura que tengamos que logremos entender ¿para qué? y no ¿por qué? estamos pasando por ese momento concreto en nuestras vidas.

"Vidas en pausa", no busca que veamos a los internos de una prisión de un modo diferente, sino que podamos vernos a nosotros mismos en esa pausa que nos brinda la vida y que, con una tremenda bondad, seamos capaces de agradecer esa experiencia y su aprendizaje.

Los ejemplos del libro son extremos en la experiencia de vida. Aceptemos las pequeñas pausas del día a día y así evitaremos llegar a extremos como la cárcel.

AGRADECIMIENTOS

Me parece increíble haber llegado hasta aquí y que usted, querido lector, me haya acompañado. De todo corazón:¡muchas gracias!

Este es mi primer libro y he puesto en él mucho empeño,cariño y dedicación, lo cual espero que se haya visto reflejado en su contenido. El simple hecho de escribirlo me ha demostrado que no hay meta infranqueable.

Este libro no se habría podido mostrar al mundo si no fuera por la confianza y el apoyo que recibí de mi familia:Aru, mi esposa, y Rafaella y Catalina, mis hijas, quienes día a día me desafían a ser una mejor versión de mí mismo¡Las amo!. A mis padres quienes simpre seran una fuente de guia y respaldo incodicional, ¡Gracias por darme la vida!

Además, he podido contar con la colaboración de buenos mentores, como Ammi Kṛṣtal, amigo personal y maestro mío, astrólogo védico dentro del linaje real de Jagannath Puri, consultor ayurvédico en el campo nutricional,así como en el trabajo con Doshas. Con gran experiencia en la cultura védica y en la armonización de espacios en VastuVidya, escribió un maravilloso prologo, por lo cual le envío hasta Vrindavan, India, el lugar donde reside en la actualidad, mi más profundo agradecimiento.

Y también le agradezco a Bego Gayoso,escritora y autora del libro: "Los Secretos del Árbol: Descubre la historia de tus ancestros y sana tu propia vida" que haya hecho posible darle sentido y fluidez a esta obra con una magnifica edición.

¡Gracias Totales! ...como diría Cerati.